JN118111

［体育・スポーツ・健康科学テキストブックシリーズ］

❄

運動とスポーツの生理学

改訂4版

❄

北川　薫編著

市村出版

【編著者】

北川　　薫　中京大学名誉教授
梅村学園学事顧問　梅村学園・中京大学スポーツ将来構想会議議長

【執筆者】

府内　勇希　熊本学園大学社会福祉学部　准教授
加藤　貴英　豊田工業高等専門学校　准教授
加藤　　尊　朝日大学保健医療学部　教授
三浦　　哉　徳島大学総合科学部　教授
宮城　　修　大東文化大学スポーツ健康科学部　教授
長澤　省吾　星城大学経営学部　講師
大家　利之　中京大学スポーツ科学部　准教授
高見　京太　法政大学スポーツ健康学部　教授
田中　千晶　東京家政学院大学人間栄養学部人間栄養学科　教授
鳥居　昭久　東京保健医療専門職大学　リハビリテーション学部　准教授

序章　改訂4版によせて

初版より3版まで，今版の編著者である私がすべて執筆してきた．しかし，10年余前，学長に就任してからは，本書を大学院の授業では使うことはあったが，スポーツ科学の基盤となる学部での授業を担当することがなくなり，学部生との乖離がなんとなく気になるようになった．そこで，改訂4版では，基本的な章立て，項目立てには変わりなく，初版の意図は継続されているが，スポーツ科学教育の最前線で活躍している方々に執筆をしてもらい改訂を行った．

本書の特徴を一言で言えば，生理学をベースとした体力学にある点だ．これまでの運動やスポーツに関する生理学書は，伝統的な生理学書の流れを受け継いでいるようだ．例えば，オストランド（Åstrand）らのTEXTBOOK OF WORK PHYSIOLOGY第4版では，生物学と筋の生理学から始まっている．また，マッカードル（McArdle）らのExercise Physiology第6版では生理学者の歴史から始まっている．本書は伝統的な生理学は尊重するものの，初版の序にも書いたように，『医学の基礎分野の生理学にその源があることは間違いないが，運動・スポーツの生理学での展開はすでにその伝統的な領域と概念を越えている．今日では，運動とスポーツの科学の根幹として一大領域を占めるに至っている』のである．したがって，本書は体力を生理学的視点と知見から解明することを主眼に置いている．

初版から20年ほどが経過したものの，誠に残念であるが，本書が至らぬ点は脳・神経科学の部分である．この分野は急激に発展しているようであるが，アスリートを指導する現場からみれば，未だ道遠し，である．ほとんどの指導者が必要とするのは「運動の技術」や「動きの読み」に関連する脳・神経系分野の科学的知見であろう．スポーツの指導者が科学知見に物足りなさを感ずるのは，この分野の未解明のためである．

スポーツを大きな面，あるいは立体として捉えた際，科学的知見は点に過ぎない．しかし，指導者は知識と実践を支えに，想像力を働かせることにより，運動やスポーツの指導を行っている．ヒトが泥臭く関与することの現実的な意味は，依然として，ここにある．運動やスポーツの指導現場から見れば，知識だけでは何ともならない指導者の実践と経験が大きな意味を持っていることが分かる．

本書は，体育・スポーツ系の大学での教科書として書かれている．運動やスポーツを愛する方々への一助となれば，幸甚である．

2020年4月

編著者　**北川　薫**

序章　改訂3版によせて

本書は21世紀となる2001年に初版が出版され，その後，2009年に改訂され第2版が出版された．初版以来，13年がたち今回第3版の改訂をすることになった．改訂の主なポイントは中枢神経系，高齢者について加筆したことである．

運動とスポーツに関する科学的領域，なかでも生理学視点での体力についての社会的環境は大きく変わってきている．多くの新知見が発表されているが，科学として内容が確定するにはしばらく時間がかかるであろう．しかし，このようなテキストでは時代を予見することで新しい世代を担う学徒の興味を掻き立てることの意義は大きい．

本書を執筆するうえでの基本的な考え方は，「体力」を理解すること，にある．初学者に対して「体力」に関する運動とスポーツの生理学について「必要にして十分」な基礎的知識をまとめることである．初版にても述べたように，本書でこの領域のすべてが賄えることはない．運動やスポーツへの探求心が深い者は，本書の各領域が深く書かれた成書が和文，英文ともに多くが出版されているし，新知見であれば多くの学術誌にて知ることができる．

ところで，私は40年ほど前にご縁があり，台湾の先生方とは長くお付き合いをいただいている．その中のお一人の輔仁大学の黄彬彬教授に多大なお骨折りをいただき，この第3版は台湾にて中国文にて翻訳出版される．改めて，黄彬彬教授をはじめとする台湾の先生方にお礼を申し上げる．

2014年1月31日

著　者

序章　改訂2版によせて

本書は，著者が体育学部の2年生を対象に30年近くにわたって運動・スポーツの生理学の講義を行ってきた内容を軸としてまとめた教科書である．内容はさほど斬新なものでないが，著者自身の経験から，運動やスポーツを専攻する学生にはこれくらいは知っていてほしい，また，これくらいを知っていれば次のステップでもさほど苦労はしないであろう，という内容である．数学でいうところの必要・十分条件を満たす内容と考えている．

運動・スポーツの生理学の流れを簡略に述べれば次のようになろう．人の体への興味が根本にあるのは当然のことだが，方法論的に構造と機能に分かれてこの分野は発展してきた．解剖学と生理学である．医学では，両者で基礎医学を構成する．もちろん，解剖学と生理学は必ずしも単純に二分できるものではない．むしろ，運動やスポーツの科学に興味を持つ者は，どちらも不可欠，と心得ておくべきである．この生理学は基礎生理学と応用生理学に分化し，応用生理学から特化したのが運動生理学である．他に特化したものには臨床生理学，環境生理学，宇宙生理学などがある．また，運動生理学と表裏一体にあるのが労働生理学である．

一方，解剖学は運動・スポーツ科学においてはバイオメカニクス（ただし，バイオメカニクスは生理学と密接な関係にあり，単純には分離できないが）へと発展した．また運動生理学はスポーツ生理学へと展開してきている．なお，生理学そのものにおいても生化学，分子生物学へと生命の根源を目指して遡及していった．科学の進歩は一般に細分化，分析の道をたどるのである．

これに関連して，かつて恩師の一人の石河利寛（いしことしひろ）先生から伺った話を思い出す．先生は第二次世界大戦後，東京大学医学部の生理学教室にて研究にいそしんでおられたが，生理学の勉強をしようにも人を対象とした研究が極めて少ないことにがっかりしたそうである．あれこれ手を尽くし，労働生理学を含む応用生理学国際雑誌，という名のドイツの“Internationale Zeitschrift fur angewandte Physiologie Einschliesslich Arbeitsphysiologie”（現在の“European journal of applied physiology and occupational physiology”）に，人を対象にした論文が多く掲載されていることを知って，この雑誌を中心に研究を進めたとのことである．今のようにインターネットで簡単に調べることができない時代であったから，なかなかの御苦労があったことであろう．今でもそうであるが，生理学の教科書にある基礎的資料の多くは，人から得られたものではない．スポーツマンでもあった先生が基礎生理学から飛躍をされたきっかけは，全体的な人の動きに興味を持ったことにあったと推察している．これは上述した科学の細分化とは，ある意味で逆の進化である．

また，著者の直接の恩師である猪飼道夫先生は，体力についての生理学的解釈のヒントを，イギリスの数学者であり生理学者であったヒル（Hill, A.V.）博士から得たとのことである．わが国での体力科学への猪飼先生の貢献を考えると，その影響は猪飼先生個人レベルにはとどまらない．その後のわが国の体力科学の展開において，単なる動物とは異なる人の体力（体力発揮には明確な意思が必要である．猫の体力，との表現は考えにくい）を考える上での重要な基盤が明示されたことを意味している．さらに，神経生理学を専攻していた先生は，本書にもあるが，体力発揮にかかわる中枢神経系の役割を明らかにした．ただし，スポーツについては，人の中枢神経系の研究はまだまだ不十分である．人に固有の文化であるスポーツを科学的に解明していく上で，中枢神経系が果たす役割を解きほぐす研究が不可欠である．

運動・スポーツ生理学，体力学の第一世代ともいうべきこれらの先達の考えの基本には，人としての全体像としての能力を知りたい，という考えがあったはずである．運動は犬や猫でも，ミミズでもするが，スポーツは人にしかできない．しかも，トレーニングのように，強い意思を持って，自分自身（の満足のため？）に負荷をかけていく行動は，他の動物には見られない．人が調教することはあっても，猫自身が筋トレをすることは想像できない．ほとんどの生物は，変化する環境に受動的に適応せざるをえなかった．気候が変化すれば，それに適応した生物だけが生き残り，さもなければ生きていける新しい環境を探して移動していったのである．

本来，摂食行動が終われば動かないのが動物である．運動は捕食のための行動であって，基本的には種の保存行動と考えるのが適切であろう．しかし，人は自ら好んで尋常ではない環境に挑み続ける．前頭葉が発達した人の創造力と向上心がなせる業に違いない．未知への挑戦といってもよいであろう．生きるための運動と，人間文化としてのスポーツとの違いはここにある．

ところで，私の博士論文のテーマは肥満者の脂肪量と体力の関係についてであったが，その研究をしている時に気付いたことは，人の肥満問題は決してなくなることはない，ということである．動物は食べなければ死ぬ．したがって，摂食については強力な本能を持っている．一方，エネルギーを無駄に消費しないためには，余分な運動をしないことが理にかなった行動様式である．人は食べてごろ寝が本性，と考えるのが適当である．運動をすること，させることがどんなに大変なことかを思い起こせば，本能が持つ強靱さに，否が応でも気づかされる．その意味では種の保存とは別の次元の本能に基づく運動がスポーツである．

運動とスポーツ，どちらも似たような行動ではあるが，根本的には大きな違いがある．石河や猪飼の思考の根源には，まさにその点の認識があったに違いないであろう．

本書は，もともと基礎的な内容に終始し，低学年の学生が，1セメスター15回ほどの授業で理解できるように構成してある．今回の改訂に当たっての着目点はいくつかある．第1は，文章表現も含めて，より分かりやすくしたことである．第2は初版に若干の削除と追加をしたことである．追加をすることは簡単だが，1セメスターという制限を考慮すると，大幅な追加は適切ではない．

ところで，教科書的，という表現はよく用いられる．型どおり，という意味である．本書もまさにそのとおりである．本書で用いた資料のほとんどは《平均値》である．

しかし，《平均値》的な人は実際にはいない．いろいろな測定をしてみるとそのことが分かるはずだ．教科書の知識を活用するにあたっては，《平均値》を知るとともに個人の能力には幅が大きいことを脳裏にしっかりと刻んでおくことである．エリートアスリートには，平均値はありえない．

2009年3月20日

北川　薫

本書の執筆にあたって

体育学部で運動生理学，スポーツ生理学の講義と演習に携わって20年余が過ぎた．医学の基礎分野の生理学にその源があることは間違いないが，運動・スポーツの生理学での展開はすでにその伝統的な領域と概念を越えている．今日では，運動とスポーツの科学の根幹として一大領域を占めるに至っている．

人の動きを科学的に解明することは極めて難しい．人の動きを考えてみると，大きく二つに分けられる．一つは代謝系である．このメカニズムはすでにかなり解明されており，近年での健康のための運動分野において，あるいは体力向上のための基礎トレーニングプログラムでの基盤となっている．いま一つは脳・神経系である．運動の技術や動きの読みに関連する分野であるが，人の動きを科学的に解明する難しさはここにある．特に，スポーツの指導者が科学に物足りなさを感ずるのは，この分野の未解明のためである．

スポーツを大きな面，あるいは立体として捉えた際，この分野は点に過ぎない．しかし，その知識と実践を支えに，想像力を働かせることにより，運動とスポーツを理解できることは，指導者として無上の喜びになるであろう．

最後に，本書をよりよく理解するための締めくくりを述べよう．運動やスポーツの生理学は生理学，あるいは解剖学，さらには生物学や物理学など，多くの科学分野に基礎を置いて発展した分野である．本書で分かりにくいことがあれば，是非，そうした分野に立ち戻ってほしい．スポーツ科学には，総合的な知識が必要なのだから．

なお，本書は市村出版の記念すべき第1冊目である．社長の市村近氏は長年にわたって体育学研究書の出版に携わってこられた，いわば我々研究者の陰の立役者であり，また体育学界の生き字引のような人である．氏の新たな門出にあたって本書をまとめることができたのは誠に光栄であるとともに，執筆にあたっての氏の叱咤激励に深謝する．

[21世紀を迎えるにあたって]

2000年12月15日

著　者

運動とスポーツの生理学

目　次

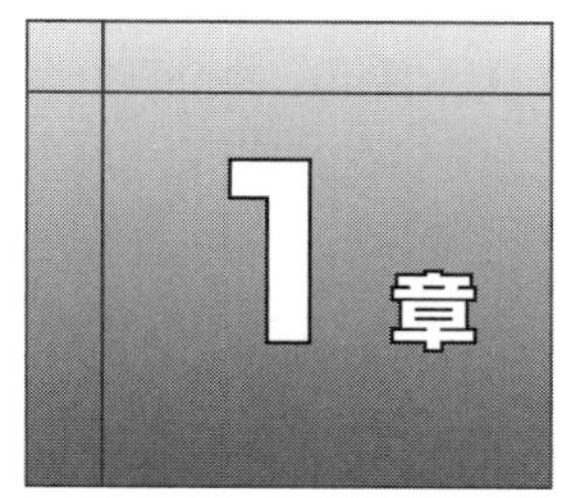

体力の概念

運動やスポーツの生理学の在り方を考えるにあたって，体力をどのように考え，そして理解しておくかの問題は避けて通ることができない．運動やスポーツの生理学の目的は，運動をすることによって人はどのような身体的変化をもたらすのかを明らかにしたり，動くことの肉体的メカニズムを解明したりすることにある．しかし，その究極の目的は，主として生理学的知見を通して体力の背景を理解し，その最善の向上策を明らかにすることである．

1　体力の解釈

体力は何も医学を中心とした自然科学分野だけから論じられるものではない．人文科学，社会科学からみた体力の概念も，当然のことながらあるはずである．しかし，人文，社会，自然科学が専門である先達が共に著した著書をみると，体力についての記述は自然科学系研究者が担当している．本書においても，体力の概念や測定については自然科学を基礎として考えることとする．なお，この部分は村岡編著の成書(2013)にて北川が書いた部分を要約する．

1．日本での理解

体力に関する医学的研究が組織だって行われるようになったのは，小野（1991）によれば，国立体育研究所（1924年開所）設立の計画が動き出した1897年頃から，とのことである．それ以前にも，体力についての概念，考え方はみられるのであるが，いわゆる数値として科学的に体力を捉える体力科学は100年余の歴史ということになる．現在でも手に入れやすい先人の考えを以下に要約してみよう．

松岡脩吉（1951）：「體力」は実現されたperformance（できばえとでもいうか）の身體的な因子である．具体的な運動の観測によって，物理的な抽象概念としての力が測定されうるのと同様，performanceの観測から「體力」が量的にきめられぬことはない．このように述べる松岡の解釈は，体力は肉体の機能的側面とperformance的側面の両面からの見方があることを指摘している．

福田邦三（1968）：体力という概念は，要するに人体に属せしめられるある能力という意味には相違ない．それが精神機能の諸部分，とくに意志ないし情動と密接な関係にあることは衆知のことであるが，もし素朴な心身二元論に立って体力と精神力との関係を云々するならば，それは当を得ていないこと，もちろんである．体力については，少なくとも防衛体力と行動体力に分けて考えることができる．このように，福田は体力について精神的側面を無視できないことを指摘し，また，健康を脅かす自然界からの侵襲に対する防衛力をも強調している．

朝比奈一男（1981）:「体力」にも「健康」にも決定的な定義はない．一般に身体面はもちろん,時には精神面をもふくめて個人の能力を「体力」としているようである．しかしこの場合，身体的能力を前面において考えることが多いから,「体力」の概念の中には力の要素が入りやすくなる．これに対して「健康」というのは，一種の心身の状態であるのだから，この概念の中には力の要素は一般にはふくまれない．朝比奈は，このように体力と健康との関係を述べているが，体力は数値で捉えることができること，健康は心身の状態であるだけに具体的数値で捉えることは難しいこと，との指摘は注目に値する．

石河利寛（1965）:体力を身体的能力の意味に用いるならば，これに対立する概念は精神力であろう．もちろん，精神も生理学的な立場からいえば，中枢神経系という身体的基盤の上に立っているので，精神力を中枢神経系の機能と考えて，体力の一部と考えている人もある．わたくしは精神という無形のものと，身体という物質的なものとを区別して考えるのが一般的には妥当だと思う．石河は,ここに引用したように,体力には精神力を含めないほうが良い，との指摘をしている．石河が指摘するように体力の測定では，ことさら精神的側面を強調しないのが一般的である．

猪飼道夫（1961）:体力とは，人間の生存と活動の基礎をなす身体的および精神的能力，を意味している．師である福田邦三の体力概念を踏襲し，防衛体力と行動体力の概念から体力分類を発展させた．後述する体力分類（図1-1）にあるように，体力を身体的要素と精神的要素とから構成している．体力の発揮においては，意志，意欲がなくてはならず，体力を考えるうえでは精神的要素を切り離すことはできない，との考えが基盤にある．このような猪飼の体力分類は，ある意味ではわが国で最も影響力を持ってきたが，その分類は多岐にわたることもあり，現実的な対応においては広範すぎる概念である．

2．諸外国での理解

石河をはじめとする先駆者によれば，日本語の体力に相当する言葉は，英語ではphysical fitnessとのことである．人によってはfitnessを適性と訳していることもあったそうである．しかし，適性という言葉は社会学的概念であることからして，適性との訳語は不適切である，と述べている．また，福田によれば，この際のphysicalは，もちろん物理ではなく身体(physique)という意味である．physical fitnessとなると，fitnessは主観的な感じを通り抜けて，客観的に何ができるか，できる性能を持っているかが問題となる，と指摘している．

オストランド（Åstrand）たち（2003）:physical fitnessに相当する概念としてphysical performance abilityを用い，この概念には2つの意味を持たせている．ひとつは，基本的な生理学的機能を反映するパラメーターの測定であり，もうひとつは安静時または最大下運動時に得られるデータを元にして運動成績を予測することである．なおÅstrandたちは，柔軟性，バランス，スキル，パワーなどを評価する，いわ

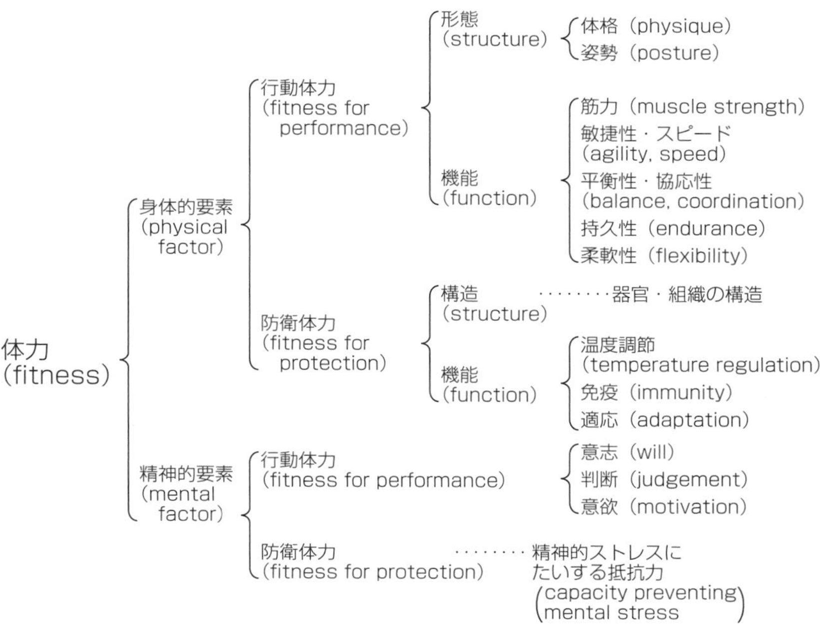

図1-1　体力の分類.
(猪飼：運動生理学入門, 杏林書院, 1966)

ゆるfitness testでは基本的な生理学的機能の分析には不適切である, と指摘している.

石河によれば, ドイツ語ではLeistungsfahigkeitが当てはまる, とのことである. 意味は, 作業能力であり, 作業をさせてそれがどのくらいできるか, ということに重点が置かれている. 体力は, 作業をさせて初めてその良し悪しがわかるのであるから, この言葉も体力とそれほど内容は異なるものではない, と述べている.

3. 国際体力標準化委員会 (1976) のまとめ

1964年, 東京オリンピック開催に当たって「国際スポーツ科学会議」が開催され, その特別委員会として非公式に開催されたのがInternational Committee on Standardization of Physical Fitness (ICSPFT, 以下, 国際体力標準化委員会) である. その成果が集大成されたのは1970年であり, わが国では1976年に翻訳出版されている. 25カ国, 54名からの委員は, 自然系はもとより人文・社会学系を含む当時の世界の名実ともに著名な専門家で, 各国において十分な影響力を持つ者であった.

本報告書については参考文献を参照してほしい. なお, 国際体力標準化委員会での『標準化』とは, 以下の諸領域についての情報収集の手続きを含むものとなっている.

・Medical Examination (医学検査：ストレスの強い身体運動のための)
・Physical Measurements (生理学諸指標：身体運動の人間機能への影響)
・Physique and Body Composition (体格と身体組成：人体組織の資質)
・Performance Measurements (人間の運動実践：生体の活動能力)

諸測定は同じ基準で測定されていなければ, 厳密に比較することはできない. 東京オリンピックを契機として, 世界が同じ基準を持とうと検討したことは, 体力の把握

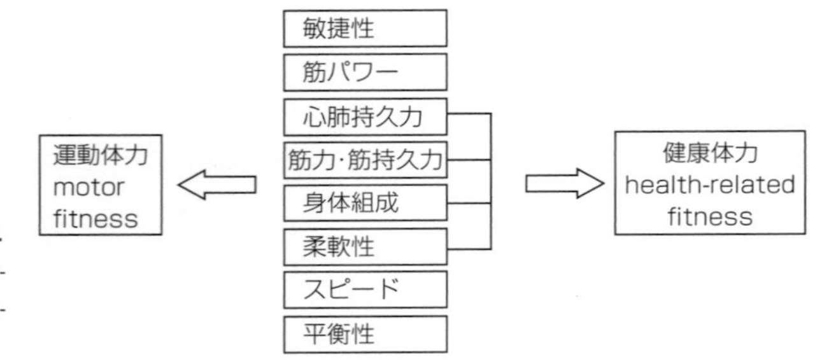

図1-2　運動体力と健康体力の要素.
(Pate: A new definition of youth fitness. The Physician and Sportsmedicine 11 (4): 77, 1983)

が人類の幸福に寄与することを世界が切実に共感したからであろう.

4. 体力の定義と変遷

英語やドイツ語のみならず日本語の体力の概念においても，体力とは「人間の活動の基礎となる身体的能力」と考えるのがもっとも普遍的であろう．これは，猪飼の分類による身体的要素の行動体力の機能に相当する.

体力については，伝統的にはスポーツ選手を念頭に置いたり，少なくとも健康な人を対象としたりして，運動の最大能力に基礎をおいた運動体力の考え方がとられていた．その測定では，最大能力の発揮，が前提であった．ここには「強い」,「速い」が体力では重要な要素となっている．しかし，1970年代から80年代に掛けて，健康のための体力づくりの考えが広まってきたが，そこでは最大能力の発揮は想定されていない．いわゆる最大下の運動であり，有酸素性エネルギー供給機構を基盤に置く運動である．図1-2に示したのはアメリカのペイト（Pate）(1983）の体力分類であるが，図中の「運動体力」が図1-1の行動体力に相当する．これに対し，健康体力では筋力･筋持久力，全身持久力，柔軟性，身体組成（体脂肪率）があげられている．ここにある「運動体力」は図1-1の猪飼の体力分類にみられる「行動体力」に相当する．これに対し,「健康体力」には，後述する無酸素性エネルギー供給機構すなわち無酸素性パワーanaerobic powerに起因する体力はほとんど含まれていないことに留意しなければならない．なお，健康と体力の関係について，朝比奈（1981）が以下のように指摘している．『体力とは個人の持つ身体能力であり，健康とはその体力を十分に発揮できるような個人の精神的身体的状態であるとしてみよう．したがって体力は各機能あるいは能力の項目ごとに数的に段階付けがある程度可能であるが，健康を数的に評価する事は難しい．一般に用いられる健康度という指標も任意的なもので，甚だ漠然とした概念である.』

以上のように，体力と健康とは異なる概念であること，そして，体力は数値として測定が可能であるが，健康は状態であるために測定はできない，という指摘である．しかしまた，体力と健康とは本質的に分離できない関係にあることも事実である．十分に体力を発揮するには健康でなければならないし，体力がある程度なければ健康ともいえないのである.

体力の定義そのものには，時を経ても大きな変化はないであろう．しかし，体力にどのような意味を持たせて捉えるか,は時代の価値観や,それを必要とする領域によっては今後も変化していくことになろう.

なお，体力を分かりやすく定義している例は少なくない．例えば中学校や高等学校の保健体育の教科書によっては，図1-1のなかでの身体的要素での行動体力のうち，機能を整理して筋系については「運動を発現する能力」，呼吸循環系については「運動を持続する能力」，脳・神経系については「運動を調整する能力」というように体力を解釈し，体力を分かりやすく簡潔にまとめている．また，宮下（1980）は後述する筋収縮のエネルギー供給機構に基づいてハイパワー，ミドルパワー，ローパワーの概念を提示し，それに見合った体力測定装置やトレーニングプログラムを展開している．

2 体力の測定

体力をどのように捉えるかという体力テストの考え方には，前述した松岡の指摘にあるように，肉体の機能的側面とperformance的側面の両面からの見方がある．

機能的側面からの測定は，生理学的視点からの測定（以下，生理学的テスト）で，オストランド（Åstrand）たちのいうphysical performance abilityの測定である．要素的体力を捉える方法として精度が高い，いわゆる大学の研究室や研究所での体力テストである．それには専門的知識を備えたスタッフや，精度の高い測定装置や施設を必要とする．体力を構成する因子としての肉体の測定である．一人の測定にはかなりな時間を必要とし，測定中にかかる被検者への身体的，精神的負担も大きい．

これに対し，performanceからの測定（以下，フィールドテスト）は，例えば，学校体育でなされる体力テストである．測定器具は安価であり，測定に当たっては高度の専門知識を持つ者でなくともよく，測定にかかる時間は短い，といったテスト方法である．

以上のように，体力の概念や解釈は必ずしも同じではないうえ，具体的に体力を測定する方法も一様ではない．同じ体力要素を測定するといっても，測定方法がいわゆる研究室での実験的測定方法とフィールドテスト的測定方法とでは目的，精度，解釈において大きな違いがある．こうしたテスト方法の違いを十分に理解していないと，時には，指導者であっても体力測定そのものの意義を否定する者もいるほどである．

体力測定には生理学的視点から様々なレベルがある，との考えに立ち，体力要素と測定方法（測定項目）について表1-1のように「体力測定の3ステップ」として整理・分類してまとめた．大まかではあるがステップ1は文部科学省の体力テストや健康体力テスト，ステップ2は測定設備の整ったフィットネスセンターでの測定，ステップ3は大学や研究機関での測定に相当する．スポーツ種目別体力テストは表に示さなかったがステップ4に位置づける．ステップ4では，スポーツ競技の特殊性を追求するという視点での測定である．例えば全身持久力をみる最大酸素摂取量については一般的にはトレッドミル走行にて測定する．しかし，水泳選手には回流水槽を用いて測定することにより，また自転車競技選手にはハンドルやペダルを競技用の物に取り替えた自転車エルゴメータを用いて通常よりも高いペダル回転数にて測定することにより，より一層，これらの競技特性を明らかにできるのである．

表1-1　体力測定方法の3ステップ.

体力要素	ステップ1	ステップ2	ステップ3
[形態]			
身長	身長計	自動式身長計	自動式身長計
体重	精度が500g単位のばね式体重計	精度が20〜100g単位のロードセル式デジタル表示体重計	精度が20〜100g単位のロードセル式デジタル表示体重計
周径囲	巻尺	巻尺	巻尺
身体組成：肥満判定	キャリパー，BI式体脂肪計，体形指数（BMI），肥満度	超音波皮下脂肪計，キャリパー	密度法
姿勢		シルエッター	コンフォメーター シルエッター
[機能]			
筋力	ばね式筋力計(握力，背筋力)	ロードセル式筋力計（握力，背筋力，腕力，脚力）	等速性筋力測定装置
パワー（無酸素性）	垂直跳び	脚伸展パワー，階段かけのぼりパワー	POWERMAX-V，血中乳酸
敏捷性	反復横跳び　棒反応時間	体肢反応時間，全身反応時間	跳躍反応運動（EMG反応時間）
平衡性	開眼片足立ち	身体動揺計	身体動揺計
全身持久力	シャトルラン	PWC75%HRmax， 推定$\dot{V}O_2max$	$\dot{V}O_2max$，血中乳酸，AT
柔軟性	長座体前屈	関節角度計	関節角度計

[備考]

1）用語には商品名も含む.

2）ステップ1→3はより高いレベルでの人，装置，経費･時間を必要とする.

3）屋外でのテスト項目はない.

4）文部科学省の体力テストはステップ1に相当する.

5）アスリート用のテストは競技種目別に検討することが必要である．表ではステップ3を共通測定項目と考え，種目別にはステップ4として考える.

2章 運動とスポーツの背景

[1] 神経系

神経系を理解することは，筋系や呼吸循環系を理解することに比べてむずかしいとの声を聞く．その理由のひとつには，神経系の機能を具体的に量定することがむずかしいことがあげられる．ほとんどの体力の測定では，神経系の機能を明らかにしようとしても，筋や心臓・肺の働きを通じてしかみることはできない．例えば反復横跳びや開眼片足立ちは神経系機能をみる体力テストであるが，それらのテストに脚の筋力の優劣が成績に影響することは間違いない．いわば，神経系は体力の影の支配者であるために，その働きは表に出にくいのである．

いまひとつ神経系の理解を混乱させる理由に，神経が日常生活で使われている意味と生理学的な理解との隔たりである．例えば「反射神経がよい」という表現は，素早い動きができることと解釈され，体内に本当に反射神経が存在すると誤解している者は少なくない．反射という働きはあっても反射神経はないのである．同様に「運動神経がよい」という表現があるために，体内の運動神経に機能的良否があると誤解されたりする．その他には「神経が太い」などといった表現があるが，いずれも生理学的な解釈とはまったく異なる．

いずれにしろ，日常生活では人の心の働きや動きの質や量が，神経に託して表現されていることが多い．改めて神経系の解剖学的，生理学的理解には注意を払う必要がある．

なお，神経系の研究は，近年の脳信号計測技術の進歩により急速に発展している．特に脳活動を高い空間分解能で計測できる機能的磁気共鳴画像法（functional magnetic resonance imaging, fMRI）や，高い時間分解能で計測できる脳波（electroencephalogram, EEG），脳磁図（magnetoencephalogram, MEG）などは，人の動きの中枢メカニズムを解明する有効な手段として，その役割を高めている．

1 神経系と運動制御（motor control）

ヒトが動くことを解明しようとした自然科学的研究は古いものではない．大築

(2020）によれば20世紀前半に成果を上げた2人のイギリス人生理学者，ヒル（Hill AV）とシェリントン（Sherrington CS）に負うところが大とのことである．この両者の研究の流れは，日本の運動生理学の発展に大きな影響を与えている．わが国の運動・スポーツ生理学が欧米のものとは違う視点があるのは，このような運動制御についての研究実績による，と考えられる．

ヒルはカエルの骨格筋を用いて研究したが，本書にもあるように筋収縮のエネルギーが解糖によって産生され，副産物である乳酸はグリコーゲンに再合成されること（Hill-Meyerhof反応），および短縮性収縮での直角双曲線関係（Hillの特性式）を明らかにしている．やはり動物実験であるがシェリントンは屈曲反射など，運動にかかわる脊髄反射機構を解明している．この流れは，工学でのシステム制御理論や情報理論に取り入れられるとともに，体育・スポーツ学ではバイオメカニクスの基盤となっている．

前章にて述べた猪飼道夫は，本書にも取り上げたようにヒルとシェリントンの研究をヒトに応用し展開している．なかでもシェリントンの研究を元に運動の巧みさのメカニズムを解明しようとしたわが国最初の生理学者であり，いわば日本の運動・スポーツ生理学の父といえよう．

2 ニューロンの構造と機能

神経系もその根幹を構成するのは，幾種類もある細胞のひとつである神経の細胞であって，ニューロンと呼ばれている．図2-1-1に示したように，各々の目的に即して様々な形のニューロンがある．構造的にはニューロンは細胞体，軸索（線維状をしているので神経線維と呼ばれる），樹状突起などからできている．図中の運動ニューロンに示したが，他のニューロンとの連絡部分をシナプスといい，このシナプスは細胞体か樹状突起にある．上位中枢からの刺激はシナプスから入り，神経線維を通って筋線維に伝わる．筋線維との連絡部分は神経筋接合部といわれ，構造的にはシナプスの一種である．なお，運動ニューロンの神経線維はシュワン鞘に覆われている有髄線維のため，刺激の伝導スピードは速い．

ニューロンでの刺激は電流として伝導される．すなわち，音であれ光であれ，刺激はすべて受容器で電気に変換される．細胞の興奮はすべてそうであるが，興奮そのものは電気のプラスとマイナスで示される簡単な現象である．ニューロンの興奮もそうであり，ニューロンはまさに電流を通す電線として刺激を伝える．また，電線と同様に1個のニューロンでは，電流は両方向性に伝わる．しかし，シナプスを越えては逆流をしないので，神経回路では興奮の伝導は一方向性である．こうしたニューロンの伝導スピードは神経線維の太さに比例するが，神経線維の太さは前述したような「神経が太い」といった精神的な働きと直接の関連はない．

3 神経系の役割

神経系のもっとも大切な役割は，筋や内臓といった体内の諸器官を人としての総合

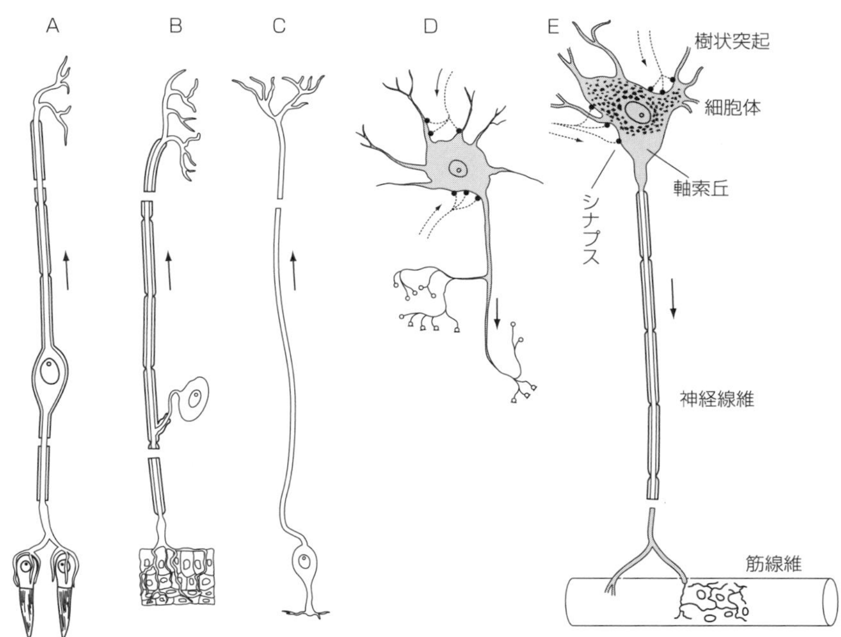

A：聴覚，B：皮膚感覚，C：嗅覚などの感覚ニューロン，D：介在ニューロン，E：運動ニューロン

図2-1-1　種々のニューロン.（真島：生理学，文光堂，1985）

体にまとめ上げることである．からだをある目的に対応させるようにコントロールするのがその役割である（神経性調節）．心臓移植を例に挙げれば分かるように，体内の器官は摘出されたとしても，それなりに生きていることは可能である．しかし，心臓がからだの活動状況に応じて身体の隅々まで酸素や栄養を供給するようには働くことができない．神経系と同じような働きをする器官として体液がある（体液性調節）が，その反応スピードは神経系に比較してはるかに遅い．

4　神経系の構成

図2-1-2と表2-1-1に示したように神経系は中枢神経系と末梢神経系とに二分される．さらに中枢神経系は大別して脳と脊髄に分けられる．なお，解剖学者の藤田は，表2-1-1にある脳幹は重要な呼称ではあるが正規の解剖名ではないこと，また脳幹には間脳を加えない考えもあり，どの範囲までを脳幹と呼ぶかは研究者により異なることを指摘している．しかし，現在では脳幹とは延髄，橋，中脳をあわせた名称として，間脳を切り離して理解されていることが多い．

末梢神経系は体性神経系と自律神経系に分けられる．体性神経系と自律神経系にある遠心性，求心性とは中枢に向かうこと，中枢から遠ざかることの意味で，各末梢神経の構造的，機能的特性を示している（図9参照）．

前述した神経系の役割の主体をなすのは中枢神経系であり，その働きは末梢神経などからの情報を集め，各器官への指示を出すことである．そのなかには，意識には上らない反射も大切な中枢神経系の働きである．これに対して末梢神経系は中枢と各器官をつなぐ，刺激の単なる伝導路である．中枢神経系とは異なり構造的にはシナプスはないので，いったん生じた反応が途中で変更されることはない．したがって，前述した「運動神経がよい」という日常的表現の持つ意味は，末梢神経である運動神経の機能として，生理学的には全く意味のないことになる．また，人には反射という機能はあるが反射神経はない．

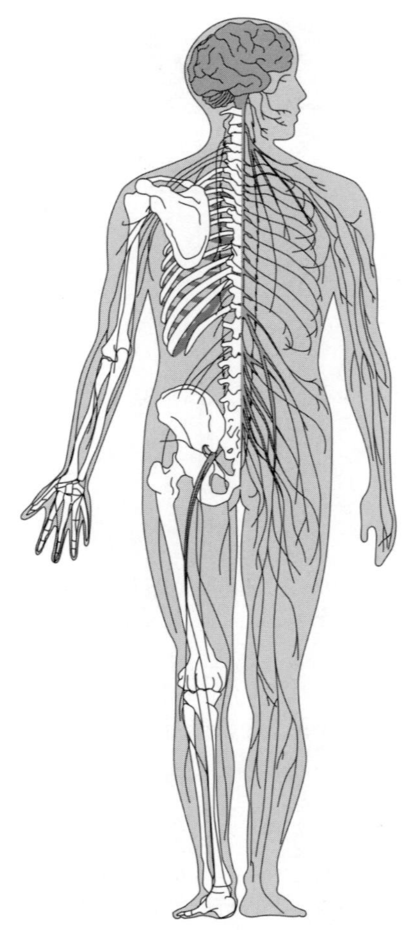

図2-1-2　ヒトの神経系．

5　中枢神経と身体運動

身体運動に中枢神経がどのように関与しているかを，主な上位の脳から順にまとめてみよう．

1．大脳皮質

大脳皮質は細胞構築学的に約50の領野に分類され，番地の数字で示されている．その中の4野は運動野で，そこにあるベッツ（Betz）の大錐体細胞から筋運動開始の引き金となる刺激が発せられ，その刺激は遠心性線維の束を通じて延髄の錐体路を経て脊髄の運動ニューロンまで直接に達する．身体各部位の運動を支配するそれぞれの領域がこの4野には規則正しく配置されている．それは図2-1-3のようにペンフィールドとラスムッセン（1950年）により，体部位再現図として示された．

表2-1-1　神経系の構成．（本文参照）

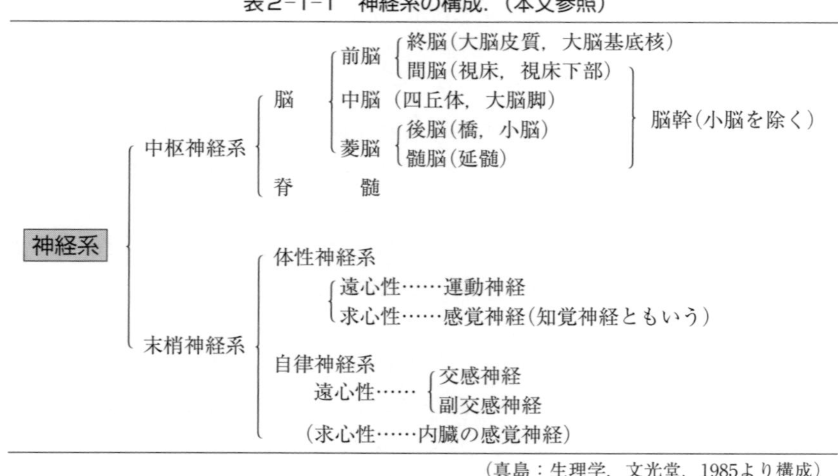

- 神経系
  - 中枢神経系
    - 脳
      - 前脳
        - 終脳（大脳皮質，大脳基底核）
        - 間脳（視床，視床下部）
      - 中脳（四丘体，大脳脚）
      - 菱脳
        - 後脳（橋，小脳）
        - 髄脳（延髄）
      - 脳幹（小脳を除く）：間脳・中脳・後脳・髄脳
    - 脊髄
  - 末梢神経系
    - 体性神経系
      - 遠心性……運動神経
      - 求心性……感覚神経（知覚神経ともいう）
    - 自律神経系
      - 遠心性……
        - 交感神経
        - 副交感神経
      - （求心性……内臓の感覚神経）

（真島：生理学，文光堂，1985より構成）

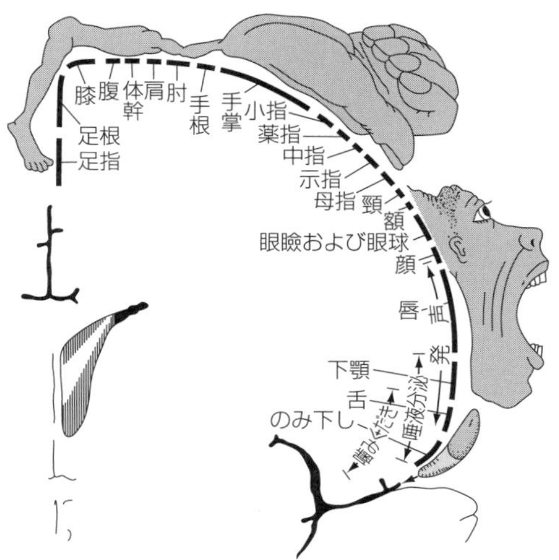

図2-1-3　4野の体部位再現図.
（Penfield & Rasmussen : The cerebral cortex of man. Macmillan Publishing Co., 1950）

脊髄前角の運動ニューロンに終わる運動性の中枢経路には，錐体路以外の経路として錐体外路がある．この経路は皮質下の大脳核群，網様体，小脳などから発し，延髄の網様体から運動ニューロンに達する．運動歩行のような無意識的な運動の調節と制御を行い錐体路系の随意運動を補足している．

なお，錐体路は，大脳新皮質の発生とともに哺乳類になってはじめて現れた運動路であり，錐体外路は動物の身体機能が未発達の段階から存在した運動路である．

2. 小　脳

主運動に関連する筋や腱からの感覚情報，視覚や加速度などの情報と，大脳皮質連合野からの情報を調整し，主運動を調節する働きをするのが小脳であって，動きと姿勢の協調作用を行う．運動プログラムではなくてはならない働きをしている．我々が意識しなくとも状況に適した運動ができるのは小脳の働きによることが大きい．

3. 脳　幹

中脳，橋，延髄からなる脳幹は，各種の求心性および遠心性神経線維の通路または中継点に位置している．ここでは身体の平衡，姿勢の保持，四肢－体幹の定型的な運動を調節する．種々の姿勢反射の中枢は脳幹にある．また，延髄網様体には呼吸中枢をはじめ心臓中枢，血管運動中枢などがあり，生命の維持に不可欠な自律機能の統合を行っている．

4. 脊　髄

脳の原型に当たる脊髄は，いわゆる背骨の脊柱管のなかにある．脊髄の灰白質（かいはくしつ）の前角には末梢神経の運動ニューロンの細胞体があり，そこから運動ニューロンの神経線維が発する．後角には感覚ニューロンの神経線維が入ってくる．脊髄は感覚ニューロンと運動ニューロンとが直接に接する場でもあり，後述する膝蓋腱反射の中枢である．中枢との連絡路である上行性線維と下行性線維は灰白質をとりまく白質にある．上行性線維は豊富な求心性の情報を上位中枢へ運ぶ．一方，下行性線維は大脳皮質，小脳，脳幹からの最終指令を運動ニューロンに運ぶ．

以上のように，人がスムーズな運動を行うには，無意識のうちに多くの判断がなされ処理されている．そうした運動プログラムが形成されるには，無駄のない運動をくり返し行うことが大切であり，その結果，中枢神経系に最適な神経回路が構築されると考えられている．また，その神経回路を維持するためにはトレーニングを続けることが不可欠である．神経回路はコンピュータのプログラムにたとえられることがあるが，両者の決定的な違いは人の神経回路はくり返し適切な刺激を与えないことには，例え成立した神経回路であっても正常な機能を発揮できないことである．

6 身体運動に関与する中枢神経のレベルの相違

同一部位の筋に着目して中枢神経の関与の違いを見てみよう．例として大腿四頭筋の収縮，すなわち膝関節の伸展についてである．運動は膝蓋腱反射運動と跳躍反応運動である．図2-1-4に示したように，いずれも末梢神経経路を共有する動きである．

膝蓋腱反射は反射運動として良く知られている．下腿を下垂させて椅子に座った姿勢で，大腿四頭筋の腱である膝下をたたくと下肢が伸展する運動である．たたかれることにより，大腿四頭筋中の筋紡錘が伸張され，その刺激は末梢神経の感覚ニューロンであるIa線維を上向して脊髄に達する．さらに，その刺激は脊髄にて末梢神経である運動ニューロンのアルファ（α）線維を興奮させることで大腿四頭筋は収縮し下腿は伸展する．

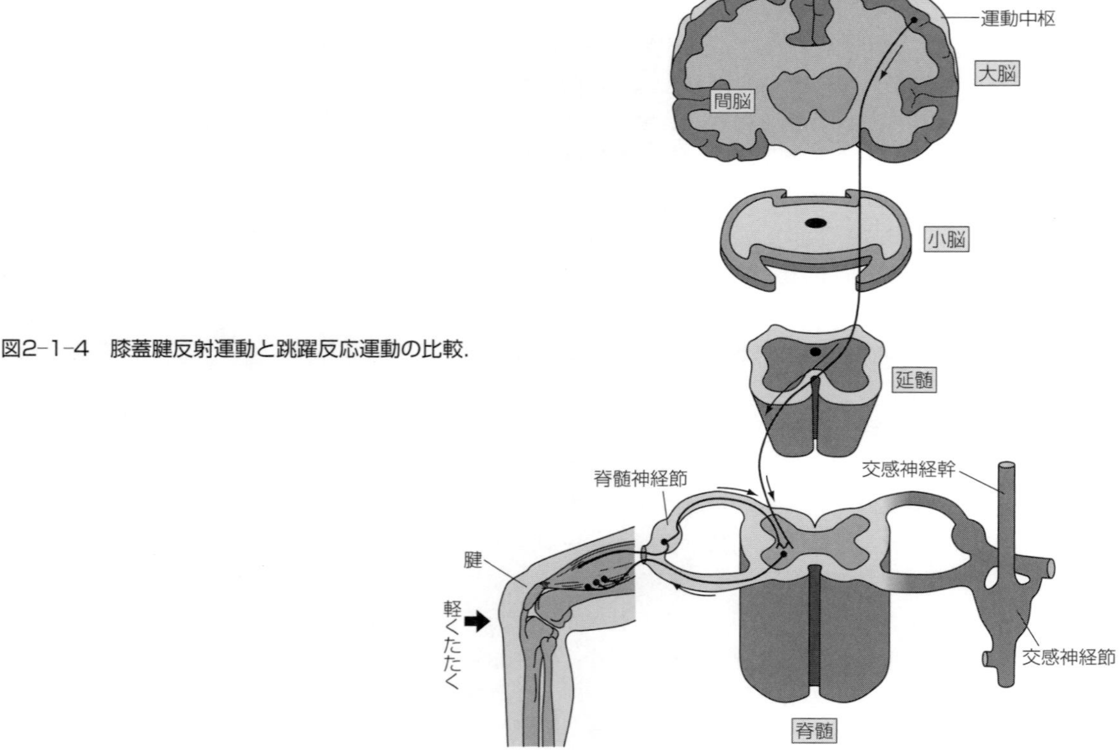

図2-1-4　膝蓋腱反射運動と跳躍反応運動の比較．

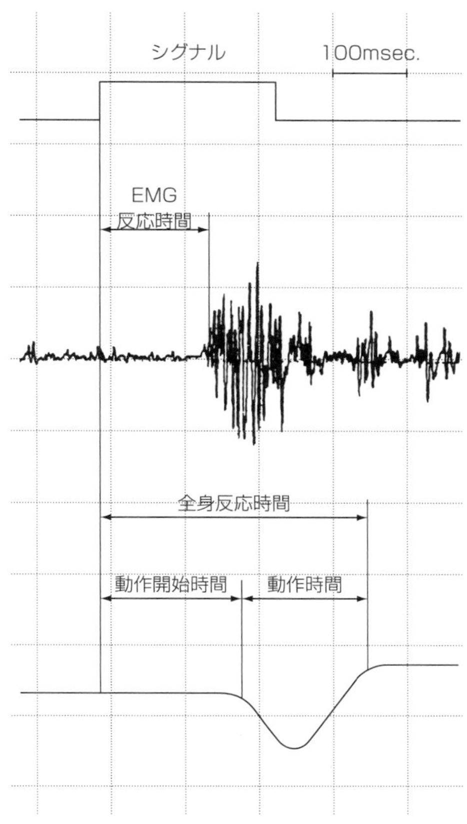

図2-1-5　跳躍反応運動の記録.

ここで関与するのは中枢神経といってももっともレベルの低い脊髄であり大脳は無関係である．このように反射運動は意志の力でどうこうすることはできないので不随意運動ともいわれる．この膝蓋腱反射運動にかかる時間は0.02～0.03秒である．

跳躍反応運動とは，全身反応時間の測定ともいわれる．刺激となるランプが点灯するや否や素早く跳び上がり，点灯から足が離地するまでの時間を求めることにより敏捷性の良否を判定する．刺激となる光は目の網膜を刺激しその刺激は視床，感覚野，運動野といった中枢神経内を伝導され，最終的には錐体路を経て大腿四頭筋に達するα線維を刺激する．この反応にかかる時間は0.3～0.4秒である．図2-1-5は筋電図，圧力盤などを用いて測定した結果である．EMG（筋電図）反応時間が神経系での伝導に要した時間であり，ここだけで0.15秒ほどかかっている．

反射運動と異なり，この反応運動では「ランプが点灯したら跳び上がる」という記憶に基づく判断が不可欠であり，高度の中枢神経の働きが必要とされる．したがって，単純にその神経経路の長さを考えてみても分かるように，反射運動に比べ反応が起きるまでの時間は長い．なお，こうした反応運動は不随意運動に対して随意運動といわれる．この運動は判断が求められるが，それだけにトレーニングにより時間の短縮が可能である．

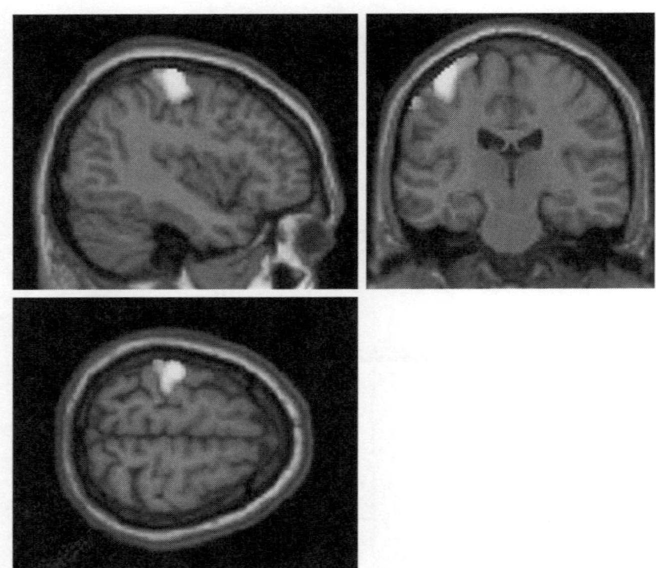

図2-1-6　右手運動における脳の賦活．（中京大学　荒牧　勇教授の御厚意による）

7　中枢の場の特定

図2-1-6に示したのは，fMRIを用いて明らかにした運動中枢の場を示している（白くみえる部位）．この運動では，30秒間の「右手のグーパー」と，30秒間の何もしない安静状態を3回繰り返している．この運動は右手で行っているので，図では左の一次運動野の賦活が見られる．

8　刺激・反応とフィードバック

ある刺激に対して，然るべき反応を起こす，これが生命体の基本になるシステムである．人については，図2-1-7のようになる．刺激は末梢の受容器である皮膚，平衡聴覚器，視覚器，臭覚器，味覚器から感覚神経をたどり中枢に達する．中枢にて適切な処理がなされ，運動神経をたどり，反応として筋や腺の効果器の活動を引き起こす．前述した跳躍反応運動では光が刺激であり，反応は跳躍運動であって，それにかかる時間は0.3～0.4秒である．

ボールを捕ることを例にとろう．飛んできたボールは光刺激として網膜という視覚器を刺激する．その刺激は求心性の感覚ニューロンを興奮させ，そのインパルスは中枢神経である視床，視覚野，連合野などで処理をされ，最終的には運動野からの下降性神経連鎖を通じて，脊髄にある遠心性の運動ニューロンに達する．そして腕や手などを動かす筋肉は適切なタイミングで，また適切な強さで興奮させられる．こうした一連の動きはしかし，動きの途中であっても修正される．投げられたボールが予測していたよりも速いと判断されれば，より速く体を動かしてボールを取ろうとするし，

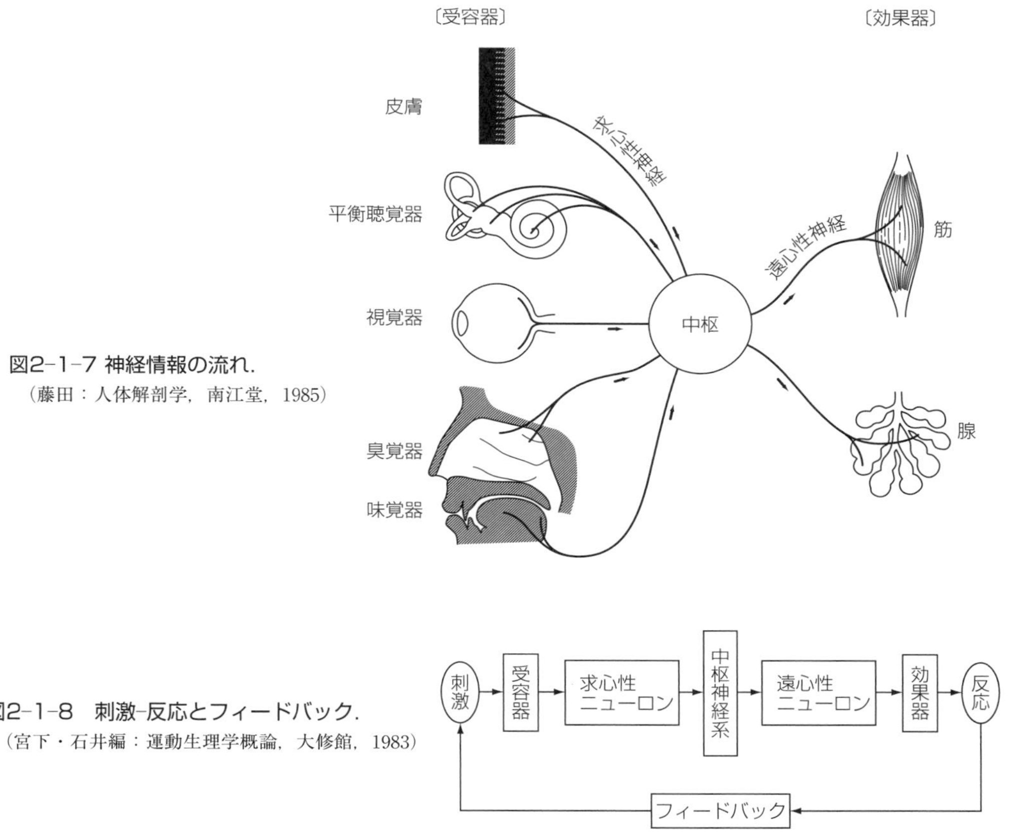

図2-1-7 神経情報の流れ.
（藤田：人体解剖学，南江堂，1985）

図2-1-8 刺激-反応とフィードバック.
（宮下・石井編：運動生理学概論，大修館，1983）

捕球のまさにその瞬間であっても指からの刺激により捕球の力加減をする.

このように一度判断され動き出しているものの，新たな刺激（状況変化）を感ずることにより，動きを修正し，より適切な動きにしようとする働きをフィードバックという．人の動きは，ある刺激に対して一旦決定された反応は変わらない，というのではなく，フィードバックにより絶えず反応は微調整され，最適な動きを起こそうとしているのである．こうした人の一連の流れをまとめると図2-1-8のようになる.

ただし，高位の中枢が関与する運動ではフィードバックが行われるが，前述した膝蓋腱反射運動のような下位中枢での反射運動ではフィードバックは機能しない.

9 神経支配

筋をはじめとして種々の器官は神経系により中枢の支配を受けていることを神経支配という．したがって，各器官の活動の程度は，その器官を支配する中枢神経の興奮の程度を反映している.

1．神経支配

筋については神経支配比がこの神経支配を理解する上で重要である．そもそも1本の運動ニューロンは何本かの筋線維を支配している．この運動ニューロンと筋線維の組み合わせを運動単位(motor unit：MU)という．解剖学的には収縮の最小単位となっている筋線維であるが，何本かまとめて運動ニューロンに支配されているために，機能的には運動単位が収縮の最小単位となる．

このような1本の運動ニューロンが支配する筋線維の数を神経支配比という．神経支配比は筋肉の働きに大きな意味を持つ．例えば，地面を蹴るのに主要な働きをする下腿後部の腓腹筋では1：1934である．一度に大きな力を集中するには神経支配比の大きい方が都合がよい．これに対して，眼球を自在に動かす眼筋では1：10である．眼筋には大きな力は必要ないが，微細な動きをするうえでは神経支配比は小さい方がよい．こうした意味では，神経支配比は動きの器用さについての解剖学的な背景となっている．なお，こうした神経支配比の相違は，図5に示したように大脳の運動野に占める中枢神経細胞の数を反映している．また，この神経支配比は運動のトレーニングによって変わり，運動野の体部位再現の各領野の広さも変わる．このように神経系は著しい可塑性(かそせい)（4章［2］3. 参照）を持っている．

2. 器用さと分化

器用さについて猪飼（1966）はかつて「分化」という概念を用いている．例えば，ピアノを弾こうとしても慣れない者は各々の指を完全に独立させて使うことはむずかしい．ある筋を動かそうとすると，その近くにあって目的としない筋を動かしてしまったり，目的としない筋までも動いてしまうことがある．その原因として中枢神経において，いわゆる混線が起きるというのである．しかし，その混線はトレーニングをすることで解消するのであって，そのことを分化と称している．神経支配比が器用さの解剖学的背景とするならば，分化は生理学的な背景といえよう．

3. eスポーツの神経支配

近年，ゲーム機を使った対戦をスポーツ競技として捉えるeスポーツが世界的に流行している．eスポーツは全身運動である従来型のスポーツとは違う，ということでスポーツとは考えない，との議論もあるが，運動・スポーツ生理学分野で注意しなければならないのは，神経支配からみて，eスポーツはあくまで仮想現実（virtual reality）である点である．サッカーを例にとれば，現実のサッカーは全身の筋と呼吸循環系を最大限まで使うという，いわゆる肉体を限界近くまで用いるハードなスポーツである．しかし，eスポーツで用いる筋は主としてキー操作に必要な指の筋である．頭で考えることは似ていても，末端で用いる筋はまったく違うのである．

ただし，eスポーツは，序文で述べた『ほとんどの指導者が必要とするのは「運動の技術」や「動きの読み」に関連する脳・神経系分野の科学的知見であろう．スポーツの指導者が科学知見に物足りなさを感ずるのは，この分野の未解明のためである』への回答のひとつになることが期待できる．

[2] エネルギーの産生

100mを走るスピードでマラソンを走れないものであろうか，といった素朴な疑問を抱いた者は少なくなかろう．あるいは，スポーツの疲れを早くとりたい，運動をしても疲れにくい体にしたい，体脂肪を落としたい，といった希望を持つ者も多い．これらの課題はいずれもエネルギーに関係することである．

体力の概念を前章においてまとめたが，体力要素の多くが人の発揮するエネルギーの大きさ，いいかえれば力強さに関係していることに気づくであろう．体力を考えるうえで，筋が収縮するにはエネルギーがどのように産生され供給されるかは最重要課題なのである．

1　筋のエネルギー供給機構

筋は後述する（23頁，図2-3-1）ように，その最終構造はミオシンとアクチンの2種類のフィラメントである．太いミオシンフィラメントが，アデノシン三リン酸（adenosine triphosphate：ATP）がアデノシン二リン酸（adenosine diphosphate：ADP）に分解される際に産生されるエネルギーを得て，細いアクチンフィラメントを引き込むことにより筋節が短縮する．すなわち筋線維が，さらには筋全体が収縮する．なお，この分解は可逆的であり，ADPはほかの反応からのエネルギーを受け取ることによりATPに再合成される．

筋収縮の直接のエネルギーはATPがADPに分解されることにより供給される．そしてADPは以下の3つの分解過程からのエネルギーを得て再合成される．

・クレアチンリン酸（creatinephosphate:CP）がクレアチンとリン酸に分解される．

・グリコーゲンが無酸素的に分解される．

・グリコーゲン，脂質，たんぱく質が有酸素的に分解される．

しかし，CPはATPと同じ高エネルギーリン酸化合物であること，またADPからATPの再合成が瞬時に行われることから，ATPの分解によるエネルギー供給とCPによるエネルギー供給のメカニズムは一体として理解されている．

1．無酸素性エネルギー供給機構（anaerobic process）

（1）非乳酸性エネルギー供給機構（alactic process）

前述した理由によりATP-CP系機構ともいわれる．この機構は酸素を用いることはない．瞬時に大量のエネルギーを供給できるが，その量は極めて少ない．最大強度の運動ならば約8秒で消失してしまう．跳躍，投てき，短距離ダッシュといった短時間で強いエネルギーを必要とする運動の主エネルギー源となる．その名称にあるように乳酸を生ずることはない．

（2）乳酸性エネルギー供給機構（lactic process）

グリコーゲンが酸素のない状態で分解される際に産生されるエネルギー（解糖：

表2-2-1　エネルギー系の一般的特徴.

非乳酸性エネルギー供給機構	乳酸性エネルギー供給機構	有酸素性エネルギー供給機構
無酸素性	無酸素性	有酸素性
非常に速い	速　い	遅　い
化学燃料：PC	食物燃料：グリコーゲン	食物燃料：グリコーゲン，脂肪，たんぱく質
非常に限られた量のATP生成	限定された量のATP生成	無制限な量のATP生成
筋貯蔵量は限定	副産物の乳酸は筋疲労をひきおこす	疲労副産物をつくらない
スプリント走，他の高パワーの短時間運動に利用	1～3分間の運動に利用	持久走や長時間の運動に利用

（Fox : Sports physiology, Sanders College, 1979）

glycolysisという）であるために，解糖系機構ともいわれる．非乳酸性エネルギー供給機構ほどではないが大量のエネルギーを産生できるが，その量は少ない．30～40秒の全力運動で消失するので，中距離走での主なエネルギー源となる．また，サッカー，バスケットボールなどの競技スポーツではもっとも重要なエネルギー源である．また，この名称にもあるように副産物として乳酸を生ずるのが特徴である．この乳酸は，ある以上に蓄積されると筋収縮を阻害する一因となるが，乳酸の蓄積だけが筋疲労をもたらすわけではない．また乳酸は肝臓にてグリコーゲンに再合成されたり，心筋や骨格筋のエネルギーにも用いられる．

2．有酸素性エネルギー供給機構（aerobic process）

人の活動のもっとも基本となるエネルギー供給機構である．グリコーゲン，脂質，たんぱく質が，筋線維にあるミトコンドリアでのクレブス回路にて酸素と結合することにより産生されるエネルギーである．この名称の由来もここにある．エネルギーの供給には2～3分の時間がかかるが，その産生量は無限といってよい．長距離走やレクリエーションスポーツの主なエネルギー源である．この反応の結果，水と二酸化炭素が生ずる．なお近年では，このエネルギー供給機構を十分に働かせ，健康の維持と増進の運動としての有酸素運動（aerobic exercise）が社会に定着している．

以上のようにエネルギー供給機構には大別すれば2つ，細分すれば3つがある．その特徴は表2-2-1のようになる．しかし，こうしたエネルギー供給機構が単独で働くことはほとんどない．生きていることを含めて，その基本は有酸素性エネルギー供給機構であり，運動やスポーツをする際にはその激しさの程度により，乳酸性エネルギー供給機構が，あるいは非乳酸性エネルギー供給機構が関与してくるのである．有酸素性エネルギー供給機構は筋収縮のエネルギーとして用いられるだけでなく，無酸素性エネルギー供給機構を再合成するエネルギーとしても用いられる．このように3つのエネルギー供給機構は相互に深く関係をもちながら筋の収縮に関与している．

2　運動へのエネルギー供給機構の関与

図2-2-1は，運動の強度と，それに必要なエネルギー量が，どのような割合で関与してくるかをまとめた模式図である．①の領域は運動時間が30秒以内で疲労する運動，

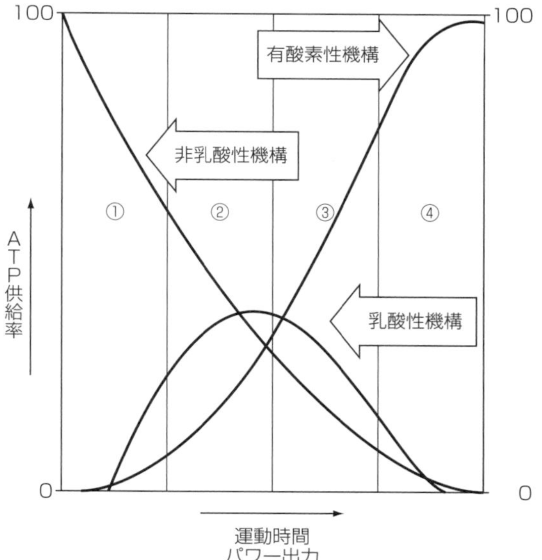

図2-2-1　運動時間あるいはパワー出力との関連からみた3つのエネルギー供給機構のATP供給率.
①～④は本文参照.
(Fox：Sports physiology, Sanders College, 1979)

②は30秒から1分30秒までに疲労する運動，③は1分30秒から3分までに疲労する運動，④は3分以上続けることができる運動である．運動時間が長くなるほど，有酸素性エネルギー供給機構の関与の割合が大きくなり，逆に短くなるほど非乳酸性エネルギー供給機構が大きく関与してくる．また，大きなパワー発揮には非乳酸性エネルギー供給機構の関与の割合が大きく，小さなパワー発揮では有酸素性エネルギー供給機構の関与の割合が大きい．なお，図から分かるように，極めて短時間か長時間の運動では，非乳酸性エネルギー供給機構あるいは有酸素性エネルギー供給機構がほぼ単独で全エネルギーをまかなうことがある．しかし，乳酸性エネルギー供給機構は単独でそうしたことをすることはないし，運動時間との関係も他の2つのエネルギー供給機構と比べて特異である．

この模式図は陸上競技のトラック走などを想定する際には分かりやすいのであるが，多くの球技系のスポーツでは誤解を生ずる恐れがある．例えばサッカーでは90分であり，野球，テニス，バレーボールなどでは得点制のために定かではないが1～2時間ほどであろう．またゴルフでは4時間ほどである．それだからといって，競技時間が長いからその主エネルギー源は有酸素性エネルギー供給機構である，と考えては間違いである．これらの球技で主体となる動きを想定しなければいけない．それはジャンプであり，ダッシュであり，瞬間の強力な筋収縮である．いずれも無酸素性エネルギー供給機構に大きく依存する動きである．図2-2-1でいえば①と②の領域であり，せいぜい③の領域までである．競技性の高いほとんどのスポーツで主体となるエネルギー供給機構は，無酸素性エネルギー供給機構なのである．試合時間が長い球技系種目だからといってトレーニングが有酸素運動で十分なのではなく，基礎体力づくりにはレジスタンストレーニングやスピードトレーニングが重要なのである．

3 エネルギーとその関連指標

ニュートンのエネルギー保存の法則により，ある運動をしたからといってエネルギーは消滅することはなく，ある形から別の形に変化すると理解されている．自転車こぎであればこぐことに使われるエネルギーは，筋の収縮だけに用いられるのではない．エネルギーの一部は，熱として発散されるし，チェーンのきしみ音にも使われる．したがって，純粋に運動に必要なエネルギーを機械的な効率として求めてみると，自転車こぎでは約20％である．

さて，こうしたエネルギーは直接にはみることはできない．その定義は，仕事を遂行する能力であり，形は大別して機械的エネルギーと化学的エネルギーである．そして，前者は運動のエネルギーと位置のエネルギーに細分される．運動やスポーツの生理学としてこれらの関係をまとめてみると次のようになろう．消化吸収された食物は，体内で化学的エネルギーとして筋を収縮させる．筋は収縮をすることで物を投げたり，動かしたりすることができる．すなわち，仕事をすることができる．筋はまさに化学的エネルギーを機械的エネルギーへの転換マシーンである．しかし，その転換に当たってはすべての化学的エネルギーを機械的エネルギーにすることはできない．その割合が効率である．自転車こぎではエネルギーの約2割しか直接の運動に使うことができないのである．

このように仕事の概念には物理学的定義と生理学的定義に違いがある．物理学では，

仕事＝力×距離

と定義されている．すなわち，ある力が動いて初めて仕事がなされることになる．ここでは動くことが決定的要件となっている．しかし，生理学的定義では，例えば重い物をもってじっと立っているだけでも疲れるように，動きがなくともエネルギーを消費することが仕事と考えられている．こうした観点から，物理学的仕事を外的仕事，生理学的仕事を内的仕事ともいう．

仕事の概念は量，すなわち大きさである．しかし，いくら量が大きくともそれを行うのに時間がかかれば，時間あたりで成しうる仕事は小さく効率が悪いことになる．時間を基本において仕事を評価する概念が仕事率，すなわちパワーである．

パワー＝仕事÷時間

である．運動やスポーツの生理学においては，このパワーの概念がいたるところにでてくるので心に留めておくことが大切である．前述したエネルギー供給機構についていえば，仕事の量として大きなエネルギーを持つのは圧倒的に有酸素性エネルギー供給機構であり，ついで乳酸性エネルギー供給機構，非乳酸性エネルギー供給機構の順序である．しかし，大きなパワーを持つのはこの逆の順序になる．

また，以下のように式を展開することにより，通常，スポーツ科学ではパワーを力と速度の2成分から捉えることが行われている．

パワー＝仕事÷時間

パワー＝（力×距離）÷時間

パワー＝力×（距離÷時間）

パワー＝力×速度

コラム1　ニュートンは天才中の天才！

アイザック・ニュートン（Isaac Newton）が，リンゴが木から落ちるのを見て万有引力を発見した故事はあまりに有名である．ニュートンは1642年にイギリスで生まれた自然科学（物理・数学）における史上空前の大天才である．本教科書に関係する法則を以下に述べておこう．

●ニュートンの3つの運動の法則

第1法則（慣性の法則）

外部から力を加えない限り，静止している物体は静止状態を続ける．一方，運動している物体は，その速度を保ったまま同一線上を進み（等速直線運動）続ける．例えば，全力疾走時では止まろうとしても急には止まれず，前のめりになって前進してしまう．この現象は，そのまま走り続けようとする性質（等速直線運動）が働くからである．また，抵抗がほとんどない宇宙空間でのロケットは，エンジン噴射をすることなく飛んでいくことができる．

第2法則（運動の法則）

ある物体に力を加えて動かそうとすると，力と同じ加速度が生ずる．生じる加速度（a）は力（F）に比例して，物体の質量（m）に反比例するので，$F = am$と表すことができる．例えば，静止した質量（m）のボブスレーのそりを2人の選手が力（F）を加えて押すことで，そりに加速度（a）が発生する．

第3法則（作用・反作用の法則）

物体Aが物体Bに作用する際，その逆方向，すなわち物体Bから物体Aに同じ大きさの力（反作用）が働く．例えば，水泳の蹴伸びでヒトが壁を蹴る力が作用となり，その反作用で壁からヒトが押し出される．

●エネルギー保存の法則

エネルギーは増えも減りもせず，形を変えるだけである.エネルギーそのものは目には見えないが「熱エネルギー」,「音エネルギー」,「光エネルギー」という様々な形態を持つ．サイクリングを例にとってみよう．自転車をこぎエネルギーを使い果たし疲れた，という場合，エネルギーが消えてなくなったわけでは無い．あくまで，体内の筋を収縮させるエネルギーがなくなっただけである．収縮に使われたエネルギーは体温を上昇させることで「熱エネルギー」を増大させたり，「音エネルギー」として自転車のきしむ音となったりする．このようにエネルギーは増えも減りもせず常に一定である．

[3] 筋　系

脳からの命令は筋を収縮させ，その収縮力が骨を動かす．人が動くこととは，直接的には筋が収縮することである．筋は化学的エネルギーを力学的エネルギーに転換する器官である．

1 筋の分類

筋は骨格筋，内臓筋および心筋に分けられる．骨格筋は横紋筋組織により構成されており，骨格筋のほとんどは腱を介して骨に付着して，いわゆる体を動かす働きをしている．名称の由来はそこにあるが，なかには眼輪筋や口輪筋のように骨には付着していない骨格筋もある．また，骨格筋は意志に従って収縮するので随意筋ともいわれる．内臓筋は主として平滑筋組織にて構成されており，内臓壁に存在する．胃や腸ばかりでなく血管壁も内臓筋により構成されている．内臓筋は意志には従わないで収縮するために不随意筋ともいわれる．心筋は心臓の筋であり横紋筋組織で構成されているが，その筋線維は骨格筋のようには規則正しい配列にはなっていない．また意志により活動レベルを調整することはできず，機能的には不随意筋である．心筋の組織は平滑筋組織と横紋筋組織との移行型に当たる．ただし，平滑筋組織も横紋筋組織も発生過程や体内の分布状態をみると，明確な区別はつけにくい．横紋筋組織は平滑筋組織よりも進化した形態である．

なお，本書では扱う筋のほとんどが骨格筋のため，特に断りがない限り筋といえば骨格筋のことである．

2 筋の構造

図2-3-1に筋の構造を示した．筋は基本的には横紋筋線維の束であるが，多数の筋線維を結合組織で包む多くの筋束により構成されている．筋線維はその形状から線維と称されるが，いくつかの細胞が融合した多核の筋細胞であり，機能的な最小単位である．筋線維は直径が20～150μm（1μm=1000分の1mm），長さは数mmから長いもので数10cmである．筋線維は筋原線維から構成され，筋原線維はさらに太いミオシンフィラメントと細いアクチンフィラメントとから構成されている．2つのフィラメントの配列により光学的には縞模様が見られる．筋の収縮はフィラメントの長さが変化しないで，ミオシンフィラメントがアクチンフィラメントを引き込むことにより起こるが，このようなアクチンフィラメントがミオシンフィラメントの間に滑走することによって筋が収縮する考え方を滑走説といい，筋収縮の定説となっている．

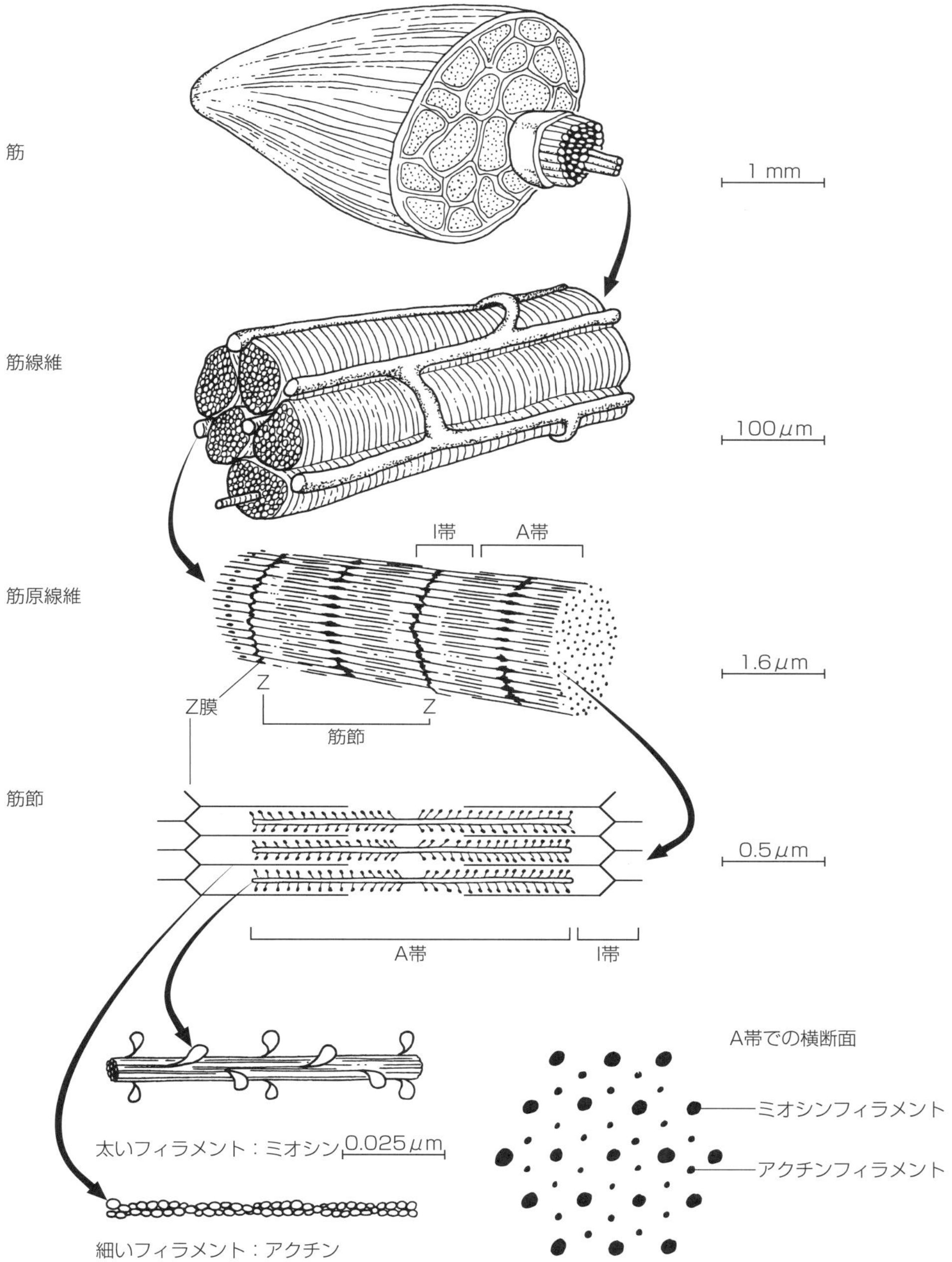

図2-3-1　筋の微細構造.

(Edman: Contractile performance of skeletal muscle. Komi編.: Strength and power in sport. Blackwell, 1992.)

3　筋の形態

筋の両端のうち，収縮時に固定されているか，あるいは動きの少ない方を筋頭といい，骨への付着部を起始とよぶ．一方，動きの大きい方を筋尾といい，その付着部を

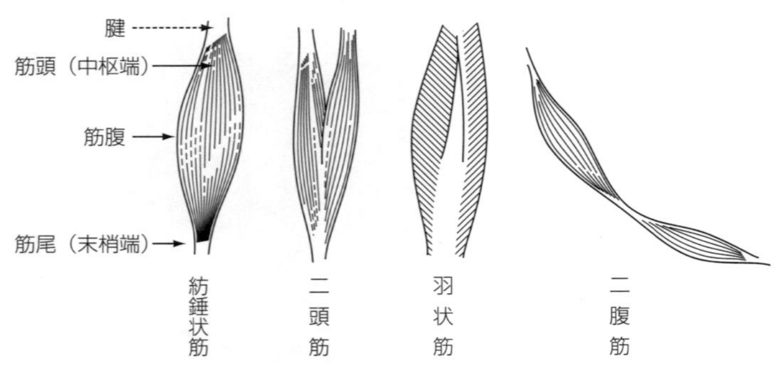

図2-3-2　さまざまな形の筋.
（宮下・石井編：運動生理学概論，大修館，1983．藤田：人体解剖学，南江堂，1985）

停止という．また，筋の中央部の膨らんでいる部位を筋腹と呼ぶ．しかし，筋の形態はさまざまあるので筋のなかには起始と停止の区別がつかないものもある．

筋の起始と停止は同じ骨にあることはなく，必ず停止の部位は他の骨である．その際，停止がすぐ隣の骨である筋（単関節筋）もあるが，1つあるいは数個の骨を越えて筋が付着する筋（多関節筋）もある．筋の理想形を，一応，図2-3-2に示した紡錘状筋と考えるが，実際には筋の形態は多種多様である．図2-3-2に例示したように筋頭が二分，三分した筋（多頭筋），筋腹が腱によって分断されている筋（多腹筋）がある．特に多頭筋は起始が同じ骨にはないものが多いので，収縮にあたっての筋の作用は単純ではない．

4　筋の作用と名称

筋の収縮による骨の運動の名称は以下のようである．

- **屈曲と伸展**：一軸関節で，両骨間の角度を0度に近づける動きを屈曲，180度に近づける動きを伸展という．このような作用をする筋を屈筋，伸筋という．なお，180度以上の伸展を過伸展と呼ぶ．
- **内転と外転**：体肢を体幹に近づける動きを内転，遠ざける動きを外転と呼ぶ．このような作用をする筋を内転筋，外転筋という．
- **回旋**:体肢または体幹を軸として回転させる動きで，一般には捻れの動きである．上肢，下肢の回旋で内側への動きを回内，外側への動きを回外と呼ぶ．このような作用をする筋を回内筋，回外筋という．

このほかには括約，散大，挙上，下制などの作用がある．

ところで筋の名称は複雑で理解しにくいかもしれないが，その由来は比較的単純である．ほとんどの筋は以上に述べたような場所，形態，作用の特性により命名されている．

以上のような個別の作用とは別に，筋相互の関係から拮抗筋，共同筋との用語が用いられる．屈筋と伸筋，内転筋と外転筋，回内筋と回外筋は反対の作用をするので互いに拮抗筋と呼ぶ．例えば，上腕二頭筋と上腕三頭筋は拮抗筋，ということになる．

これに対して，同じ方向の動きをする筋を共同筋といい，例を挙げれば肘の屈曲作用を行う上腕二頭筋と上腕筋は互いに共同筋ということになる．なお，当然のことではあるが拮抗筋は互いに関節の反対側に位置し，共同筋は同じ側に位置している．

5 筋力の発揮

1．筋の収縮様式

筋の機能そのものは単純なことで，収縮である．しかし，その収縮の仕方により運動様式だけでなく，トレーニング効果も異なるために，収縮様式は以下のように分類され理解されている．ただし，研究者によっては異なる分類方法を採用していることがある．

まず，関節の動きに着目して，動きのない状態での収縮を静的収縮と呼び，動きのある収縮を動的収縮と呼ぶ．なお，静的収縮は等尺性収縮とも呼ぶ．動的収縮では，同じ重さの抵抗に力を発揮している収縮を等張性収縮と呼び，収縮速度が一定の収縮を等速性収縮と呼ぶ．こうした動的収縮では筋が短縮しながら収縮している状態と，引き延ばされながら収縮している状態とがあり，前者を短縮性収縮，後者を伸張性収縮と呼ぶ．以上をまとめて表2-3-1に示した．

こうした収縮様式について例を挙げて説明しよう．上腕二頭筋を主体とする肘の屈曲の動きである．水が入ったバケツを持ち上げるのは動的収縮の短縮性収縮である．さらにいえば水の量が変わらず抵抗は一定であるので等張性収縮である．持ち上げる時の上腕二頭筋は短縮している．次に，バケツに水がたくさん入り，持ち上げられないが支えていることはできる，という状態が静的収縮である．さらにもっと水が加えられると支えることができずにバケツを下ろしていく．その状態では，上腕二頭筋は収縮しているのであるが抵抗がその収縮力を上回るために，動きにブレーキをかけるように引き伸ばされていく状態が伸張性収縮である．

等速性収縮は，筋機能の測定とトレーニングの器械の開発により広まった概念である．この器械は，レバーの動く速度を一定にしておけば，いくら力を発揮しても筋の収縮速度は一定となるので，リハビリテーションやトレーニング用に普及している．

表2-3-1　筋の収縮様式.

静的収縮 …………… static contraction	等尺性収縮 isometric contraction	
動的収縮 …………… dynamic contraction	等張(力)性収縮 isotonic contraction	短縮性収縮 concentric contraction 伸張性収縮 eccentric contraction
	等速性収縮 isokinetic contraction	短縮性収縮 concentric contraction 伸張性収縮 eccentric contraction

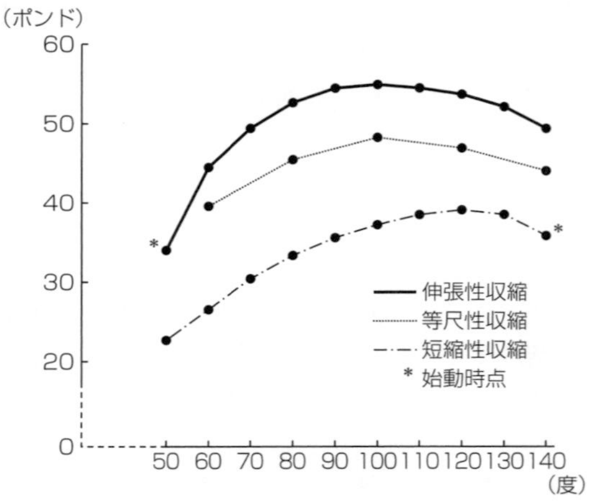

図2-3-3　肘の角度からみた筋の収縮様式と筋力の関係.
(Singh & Karpovich: Isotonic and isometric forces of forearm flexors and extensors. J. Appl. Physiol. 21: 1435, 1966)

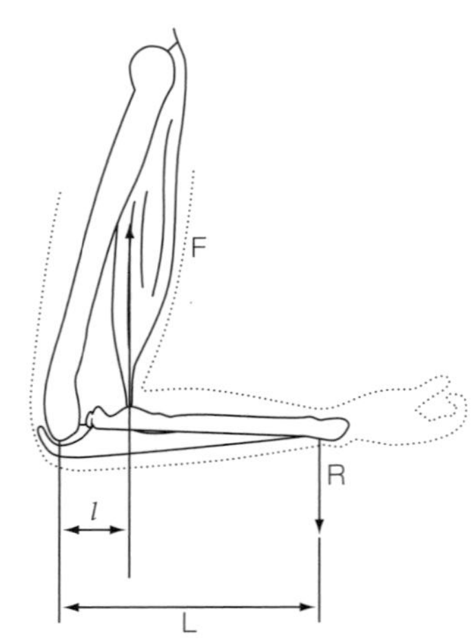

図2-3-4　肘関節のテコによる“みかけの筋力(R)”と“真の筋力(F)”.
(福永：ヒトの絶対筋力，杏林書院，1978)

また，筋力トレーニングとしては最適な収縮様式との指摘もある(112頁，表4-3-2参照).

2. 収縮様式と筋力

筋の収縮力は一定ではない．図2-3-3に示したのは等尺性収縮および等張性収縮での短縮性収縮と伸張性収縮の比較である．すべての収縮に共通しているのは関節角度により収縮力が違うことであり，その最大値は約100度にみられる．しかし，同じ関節角度では伸張性収縮がもっとも大きく，ついで等尺性収縮，そして短縮性収縮の順である．また，短縮性収縮では収縮速度が大きいほど収縮力は小さく，伸張性収縮では速く引き伸ばされるほど収縮力は大きくなる傾向にある(後出図2-3-7参照).

3. 2種類の等尺性収縮

鉄棒にぶら下がった時，積極的に鉄棒を握ってぶら下がるよりも，指を引っかけるようにした方が楽にぶら下がることができる経験をした者は多いであろう．関節角度が同じ等尺性収縮であっても収縮力は同じでないのである．等尺性収縮ではあるが伸ばされている状態での収縮力を耐筋力(breaking strength)と呼び，真の等尺性収縮に比べて40%ほど大きな収縮力を発揮できる(後出図2-3-7参照)．両手の握力和が体重よりも小さくとも，鉄棒ではぶら下がることができるのはこうした理由による．

4. 真の筋力，みかけの筋力

体力の測定で筋力は欠くことのできない項目である．しかし，その筋力は，いわばみかけの筋力であって，筋の収縮力を直接に測定したものではない．図2-3-4に示したのは腕屈曲力の測定であるが，測定される腕屈曲力とは手首にかけたベルトにかかっている力である．測定される筋力，すなわちみかけの筋力は，上腕二頭筋などの腕屈曲に関わる筋肉の収縮力(真の筋力)がてこの作用により減少された力である．

筋本来の収縮力である真の筋力は，関節をてこの支点として体外に発揮された状態で測定される．てこは力点，支点，作用点の配列から3種類になるが，腕屈曲の運動

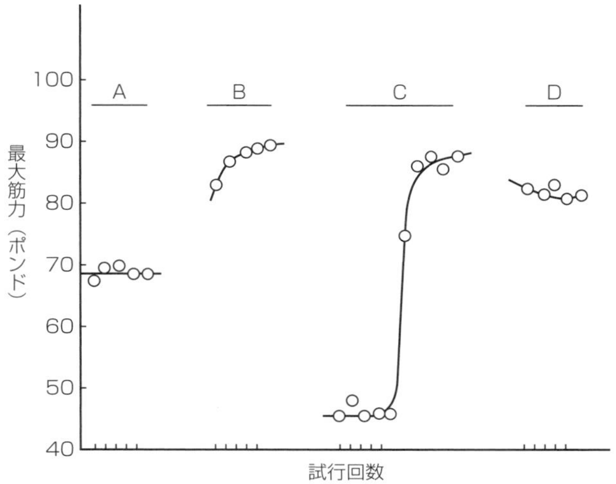

図2-3-5　催眠による筋力の変化．Aはコントロール，Bは催眠中，Cは二通りの暗示，Dは覚醒時．（Ikai & Steinhaus: Some factors modifying the expression of human strength. J. Appl. Physiol. 16: 157, 1961）

は支点，力点，作用点の順に位置する第3種のてこに当たる．力点は筋の骨での付着部である腱，支点は関節，作用点は手首に掛けたベルトである．関節から腱までの距離lを1とすると，関節からベルトまでの距離Lは4.9に当たるので，真の筋力であるFはみかけの筋力であるRの4.9倍の収縮力を発揮している．真の筋力は一定と考えられるので，ベルトの位置すなわちLを変化させればRであるみかけの筋力は違ったものとなる．ベルトを前腕の中ごろに掛けてみたり，手のひらに掛けてみたら，測定される腕力（みかけの筋力）はどのようになるのであろうか．

このように，この第3種のてこの特性は力では減少するが動く距離は増大することである．なお，どんな種類のてこであっても次の関係式が成立する．

$$F \times l = R \times L$$

5．絶対筋力

真の筋力は，前述したようなみかけの筋力とてこ比とから算出することができる．てこ比は性，年齢に関わらず一定であることから，一般的に真の筋力それ自体も男性が女性よりも大きい．しかし，上腕屈筋群の断面積を測定して1cm^{2}あたりの真の筋力を算出してみると，いずれも平均で6～7kg/cm^{2}となり，面白いことに性，年齢による差異は見られない．このような筋の断面積1cm^{2}当たりの真の筋力を絶対筋力（または固有筋力）という．すなわち，筋の本質的な収縮力は同じであって，筋力の違いは断面積，いわゆる筋の太さの違いに起因しているのである．しかし，トレーニングにより絶対筋力は10kg/cm^{2}ほどまで増加する（114頁，図4-3-2参照）．

6．筋力への中枢神経の関与

本章［1］の神経系で述べたように，種々の器官は中枢神経の支配を受けている．筋力も例外ではない．筋力は一般には全力で随意運動をすることにより測定される．そこでは，いわゆる集中力が不可欠である．中枢神経の筋力への関わりは図2-3-5に

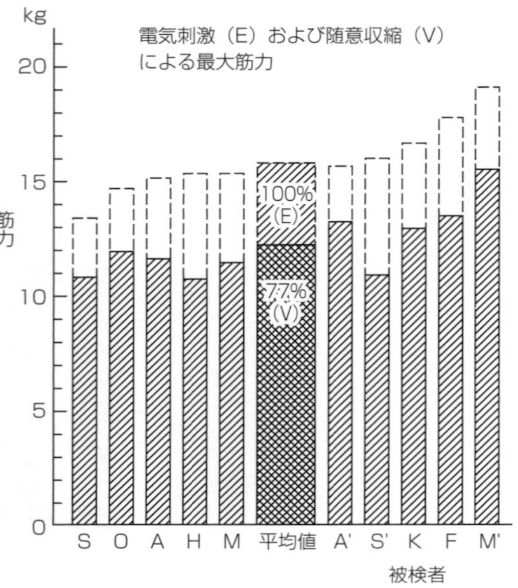

図2-3-6　最大筋力の心理的限界と生理的限界.
横軸：被検者名と10名の平均値（中央）
縦軸：最大筋力
斜線：随意収縮による最大筋力（心理的限界）
破線：電気刺激による最大筋力（生理的限界）
（矢部：人体筋出力の生理的限界と心理的限界，杏林書院，1977）

示した催眠暗示の研究により明らかにされた．催眠時に，さらに大きな筋力を発揮できるとの暗示をかけることにより，筋力は平常の筋力より増加している．さらに，催眠後の覚醒時にあっても催眠時の暗示により，筋力が大きく変化していることが分かる．

その後，筋力の発揮については矢部（1977）により電気刺激法による精緻な研究が行われ，図2-3-6に示したように随意運動による最大筋力（心理的限界：大脳の興奮水準により規定される能力の上限）よりも，電気刺激を加えることにより約30％も大きな筋力（生理的限界：解剖・生理学的な条件によって規定される能力の上限）を発揮できることが分かっている．こうした効果は，催眠や電気刺激以外に薬物，気合い，周りからの応援の掛け声，トレーニングによってもみられることが確かめられている．

このように筋力には，何らかの非日常的状況下になると更に大きな筋力を発揮できるメカニズムがある．いいかえれば，日常的には心理的限界での筋力しか出せないような抑制が中枢にかかっているが，無我夢中状態になる非日常的状況下では中枢での抑制が解かれ（脱制止），生理的限界での筋力が発揮されるのである．このように「火事場の馬鹿力」の格言は生理学的に解明されているのである．上述した絶対筋力の増大は，トレーニングによる集中力の向上，すなわち心理的限界が生理的限界に近づいていくことであって，大脳での興奮水準の上昇によってより多くのインパルスが筋に送られることが大きな原因と考えられる．

7．筋電図

体を作る細胞のすべてが興奮することで電気を発する（脱分極）．筋肉（筋細胞）も，正常な状態であれば，運動神経からの興奮が伝わることで電気を発する．この筋活動を描記したのが筋電図（electromyogram：EMG）である．かつて，運動単位の活動を知ることが研究の主題であったころには筋内埋入電極（針電極など）により筋活動を測定したが，今日では電極を皮膚上に貼付する表面筋電図法により筋活動を総合してとらえることが一般的となっている．特に表面筋電図法は運動やスポーツ現場での筋活動をとらえるにはなくてはならない手法である（109頁，図4-2-2参照）．しかし，皮膚表面での測定であるために深部筋の測定はできない．

なお，筋電図の測定は筋活動を知るためには今日でも有用な手法であり，かつては，筋線維特性の分析には無くてはならない測定手法であった．また，筋電図は，筋力とは必ずしも同期していないこと，筋の活動状態を正確には反映してはいないことに留意しておかなければならない．

6 筋力，速度，パワーの関係

1．筋力と速度

ダンベルを用いた肘屈曲運動で経験するように，軽ければ早く肘を曲げることができるが，重ければゆっくりとしか曲げることができない．こうした関係を肘の屈曲を例にとり，筋の収縮様式からまとめたのが図2-3-7である．肘を曲げることのできる短縮性収縮では筋力（ダンベルの重さと考えればよい）と速度とは，ヒルの特性方程式（Hill，1938）に当てはめ直角双曲線の関係にある．しかし，ダンベルが重くなり動かせなくなる状態，すなわち速度0（図中のA）が等尺性収縮である．さらに重くなると，関節は動きはしないが筋は引き伸ばされるような状態となる（図中のB）．これが耐筋力である．それ以上に重くなれば，耐え切れずに肘は引き伸ばされていく．伸張性収縮の状態となり，その状態では引き伸ばされる速度が大きいほど筋力は大きくなる．筋力と速度との関係は，短縮性収縮とは逆の様相を示すことになる．

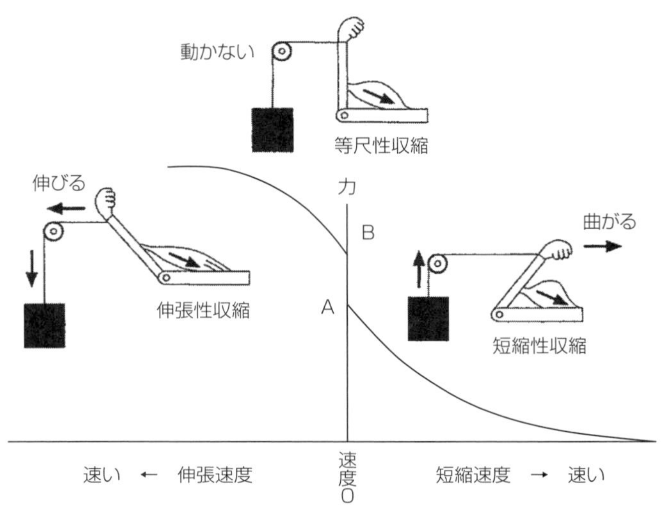

図2-3-7　筋の収縮様式と筋出力．
（宮下：トレーニングの科学的基礎，ブックハウス・エイチディ，1993.）

2．パワー

日常的に混同されて用いられているのが筋力とパワーである．一般的に筋力は等尺

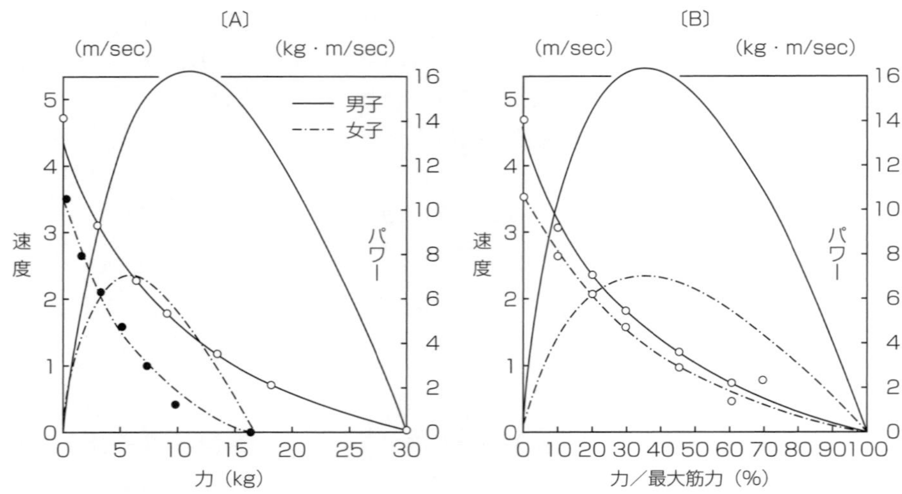

図2-3-8　男子と女子にみるパワー，筋力，速度の関係．〔B〕は〔A〕の男女各々の最大筋力を100%とした相対筋力からみたパワーと速度との関係．
（金子：人体筋のダイナミクス，杏林書院，1974）

性収縮で測定されるので，筋の長さは一定であって関節の動きはない．これに対してパワーは単位時間あたりの仕事量（仕事率）と定義されているので，2章［2］で述べたように

パワー＝力×速度

と展開できる．このように，パワーとは発揮される筋力と動く速度との積と定義づけられ，パワーの測定では動きがあることが大前提である．したがって，通常の筋力の測定（等尺性筋力）でのパワーは0である．

パワー，筋力，速度の関係について，肘屈曲運動での三者の関係を図2-3-8に示した．［A］は力を絶対値で示し，［B］は最大筋力を100%とした相対値で示している．反比例する曲線が力－速度関係を，上に凸の曲線が力－パワー関係を示している．横軸での力が0というのは無負荷状態でのことである．すなわち，ダンベルを持たない空身の状態で肘を屈曲した場合で，最大の速度が出ている．一方，力－速度曲線がX軸と交わる点は動きのない等尺性収縮で最大筋力発揮の状態である．

図2-3-8から分かるように，男女間では速度と力に差があるため，パワーのピーク値は男子が女子の2倍以上である．しかし，ピークを示すのは男女ともその最大筋力の30～40%（1/3）の時である．なお，性差にみられるような差異は，競技種目によってもみられる．例えば陸上競技の短距離，中距離，長距離の選手を比較してみると，短距離選手は力，速度ともに大きいために極めて大きなパワーを発揮する．

パワーは概念的には爆発力と捉えることができる．したがって，瞬時に大きなパワーを発揮することが求められる競技種目では，筋力と速度の両方をトレーニングすることが必要となる．ところがパワーはその定義からはここに述べた筋パワーに限ったことではない．もう少し持続性のある運動をさせることにより測定する無酸素性パワー，あるいは有酸素運動での有酸素性パワーもパワーであるが，一般にはパワーといえば筋パワーまたは無酸素性パワーを指す．

7 筋線維

1. 筋線維の収縮特性とその分類

筋収縮の最小単位である筋線維には収縮速度，収縮力，疲労耐性などに違いがあることが明らかにされている．分類方法にはいろいろあり，その特徴の表記方法も一様ではないが本書では遅筋（slow twitch：ST）線維と速筋（fast twitch：FT）線維とに大別して，筋線維の特徴をまとめることにする．

筋線維の特徴を把握するために収縮速度と収縮力といった機械的特性，および収縮のエネルギーでの代謝的特性がその目安として用いられている．遅筋線維はその名のとおり収縮速度が遅い筋線維であり，収縮力も弱い．しかし，有酸素性の代謝能力が高いため疲れにくい，いわゆる疲労耐性が高いのが特徴である．そのために，SO（slow twitch oxidative）線維ともいわれる．形態的には細い．速筋線維は遅筋線維とは反対の特徴を持つ．すなわち，収縮速度に優れ，解糖系の代謝能力が高いために収縮力は優れているが疲労耐性に劣る．形態的には太い．しかし，速筋線維のなかにはある程度高い有酸素性能力を持つものもある．そこで速筋線維をさらに細分し前者をFG（fast twitch glycolytic）線維，後者をFOG（fast twitch oxidative glycolytic）線維と呼ぶ．なお，こうした名称と同程度に使われるのがタイプI線維，タイプIIa線維，タイプIIb線維で，各々SO線維，FOG線維，FG線維に対応する．図2-3-9に示したのは，ヒトの大腿の外側広筋の生検（バイオプシー）での筋線維断面像である．

また，大別して2種類の筋線維であるが，基本となるのは遅筋線維と考えられる．速筋線維は，その点では進化した筋線維といえるが，その分，身体活動水準が低下すると，遅筋線維よりも速筋線維から先に萎縮していく．

2. 筋における筋線維組成

大別して2種類の筋線維がどのような比率で筋を構成しているかは，筋全体の性質

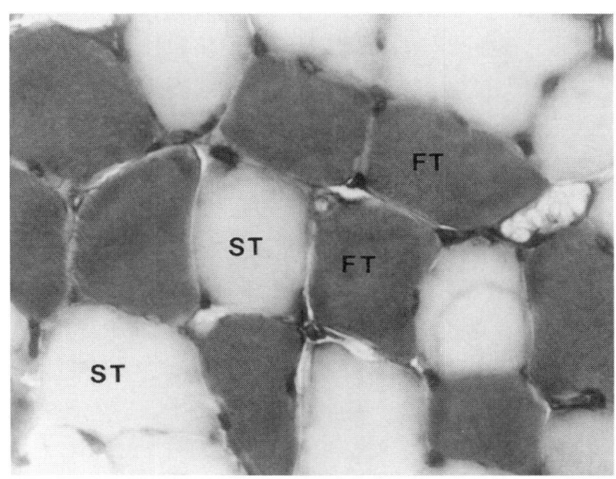

図2-3-9　ヒトの大腿外側広筋にみる筋線維断面図．（ミオシンATPase染色：pH10.3）
（元九州大学　故堀田　昇教授の御厚意による）

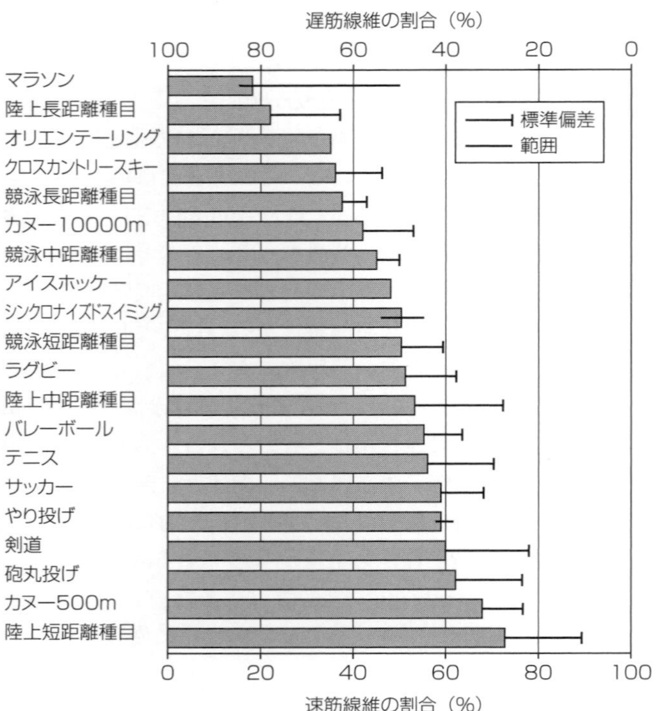

図2-3-10　一流競技スポーツ選手の筋線維組成.

（勝田編：運動と筋の科学，朝倉書店，2000）

を決定する．遅筋線維と速筋線維の構成比率は，筋によって異なるし，同じ筋でも部位の違いにより異なる可能性があるが，大腿の外側広筋では一般には1対1である．この比率には性差は見られない．いうまでもないが，遅筋線維の比率の高い筋では遅筋線維の特徴が強調されるし，速筋線維の比率の高い筋では速筋線維の特徴が強調される．図2-3-10に示したのは競技種目別の筋線維比率である．競技種目の特徴を良く反映している．このことはまた，優れたスポーツ選手になるには先天的な要因が大きく作用することを意味している．

3．筋線維比率の決定

筋線維の性質は，それを支配する運動ニューロンの性質により決まる．こうした事実は，一卵性双生児で同じ遺伝子を持つ者同士の比較研究によって確かめられている．すなわち，長期間にわたってトレーニングをした者としなかった者とを，成人になってからも比較をしたところ，両者とも筋線維比率はほとんど同じであったのである．筋線維比率は，例え長期間のトレーニングをしたとしても，後天的に変わることはないのである．また，動物実験であるが，速筋線維と遅筋線維を支配する運動ニューロンをつなぎ換える交叉神経支配実験をおこなったところ，速筋線維は遅筋線維に，遅筋線維は速筋線維に変化したのである．

このような研究結果から，一旦決定された筋線維の性質は変わることはないし，筋線維比率も変わることはない，と考えられている．

[4] 酸素運搬系

筋のエネルギー供給機構で述べたように，人間は酸素を使わなければ生きてはいけないだけでなく，運動をすることにより，より多くの酸素を必要とする．ここでは，大気中にある酸素がどのようにして筋に送られていくかをまとめる．

図2-4-1に示したのは酸素の運搬経路であるが，肺胞でのガス交換までが呼吸器系であり，その先が循環器系である．したがって，多くの酸素を筋に送るためには，呼吸器系および循環器系の形態の大小と機能の良否が，その運搬能力を発揮するうえで問題となる．鼻，口から筋にいたるまで多くの関門があるが，酸素運搬の最大能力は，これら関門の能力のうちで最低の水準に合わせて規制されることになる．一方，酸素

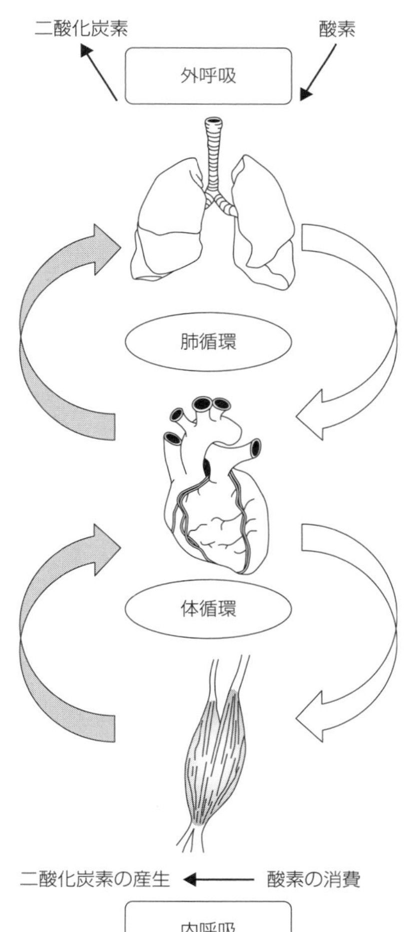

図2-4-1　ガス交換（→），血液循環（⇨）の模式図．

運搬系とは逆の経路をたどって，筋で産生された二酸化炭素が循環器系から呼吸器系を経て体外に排出される．

なお，酸素と二酸化炭素が交換されることをガス交換というが，肺胞でのガス交換を外呼吸といい，筋でのガス交換を内呼吸という．心臓と肺との間の血液の循環を肺循環，心臓と組織における血液の循環を体循環といい，肺胞においても筋においても組織膜を通して酸素は運搬されるが，その運搬には酸素の濃度差（酸素勾配）が原動力となっている．

1 呼吸器系

1．呼吸中枢

呼吸中枢の場は延髄にあり，吸息中枢と呼息中枢とに別れる．図2-4-2に示したように，呼吸中枢へは体内のさまざまの部位からの情報が寄せられ呼吸運動が調節されるが，大別すればその調節には神経的調節と化学的調節とがある．注意しなければならないのは化学的調節をする二酸化炭素である．血中の二酸化炭素や酸素の濃度が変化すれば呼吸中枢を刺激し呼吸を促すが，その強さは二酸化炭素の変化のほうが，酸素濃度の変化よりも勝る．したがって，潜水をする前に深呼吸をくりかえして二酸化炭素を大量に呼出してしまうと，潜水中に血中の酸素濃度が低下しても酸素不足を感知できず息苦しさを感ずることなく失神してしまう恐れがある．

2つある呼吸中枢であるが，両中枢は相反的に作用し，どちらかの中枢が興奮する

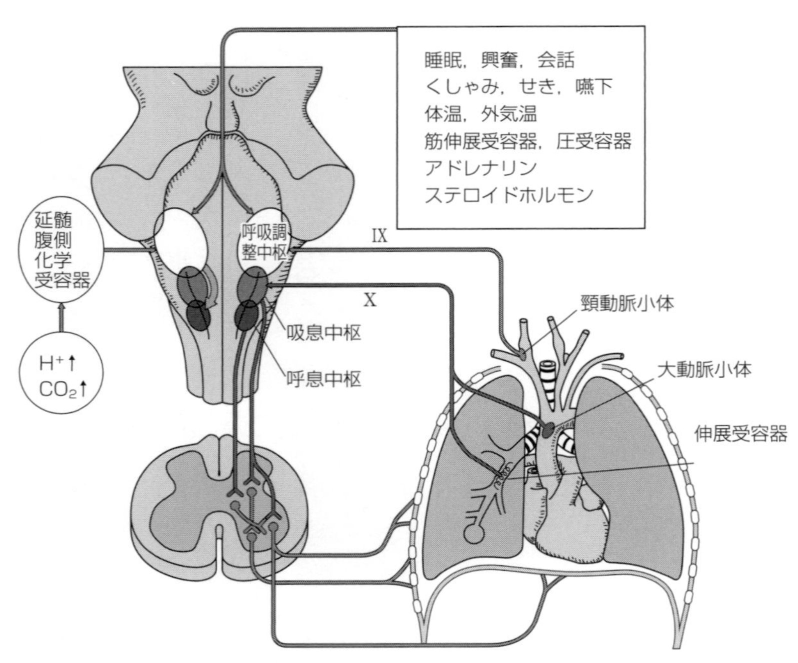

図2-4-2　呼吸の神経性調節．
（大地：生理学テキスト，文光堂，1992）

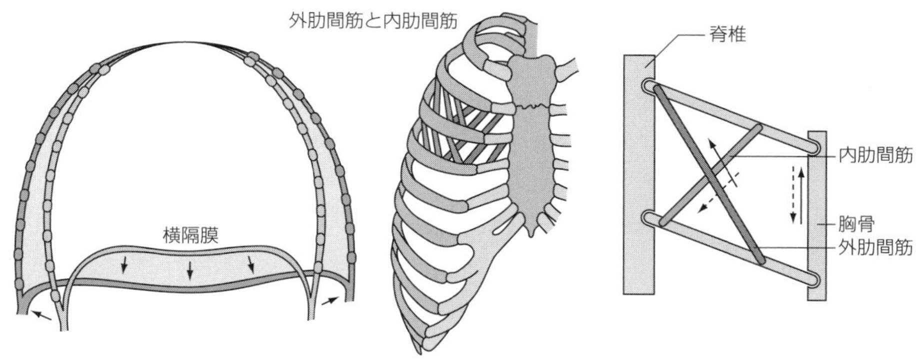

図2-4-3　呼吸筋の運動.
（大地：生理学テキスト，文光堂，1992）

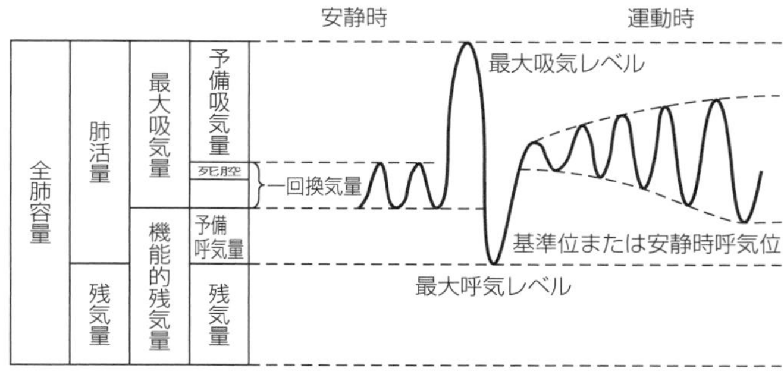

図2-4-4　肺容量の分画.
（宮下・石井編：運動生理学概論，大修館，1983）

時は他方の中枢は抑制されている．仮に両中枢が同時に興奮することがあれば吸息中枢が優先される．吸息運動が呼息運動より優先してなされる．

2．呼吸運動

吸息運動は大気からの空気の流入であるが，それは肺の中の圧力が大気の圧力よりも低くなることでなされる．すなわち，肺が陰圧になるからである．吸息運動は胸郭挙上，および横隔膜沈下により行われ，それに関わる主な筋には図2-4-3に示したように外肋間筋と横隔膜とがある．どちらの筋も収縮することにより肺を陰圧にして空気を流入させる．一方，呼息運動では胸郭を沈下させればよいが，それには主に内肋間筋が働く．通常，呼息運動は重力の影響あるいは組織自体の弾性により自然になされる．胸郭の運動による呼吸を胸式呼吸，横隔膜によるものを腹式呼吸とも呼ぶが，通常の呼吸は両者を併用する胸腹式呼吸である．

3．肺容量

肺に入る空気の量は，肺活量が一般にはよく知られている．しかし，肺に入る空気の量は，この肺活量に加えて，いくらがんばってみても呼出できない残気量があり，両者を併せて全肺容量という．図2-4-4にはレスピロメータで測定した呼吸の様相と，肺容量の区分（肺分画）とを示した.

一回換気量とは，1回の呼吸で吸う空気の量である．一回換気量は，運動をすると呼吸が深くなることの経験からも分かるように，運動強度の増加に従い増大する．その分，予備吸気量と予備呼気量とが減少している．一回換気量は安静時には500mLほどであるが，男子では最大運動で肺活量の70%以上にもあたる2500mLほどにも達する．しかし，そのような最大運動時においても肺活量と残気量には変化が見られない.

なお，図2-4-4の一回換気量に占める死腔（しくう）(dead space）とは，気道系でガス交換の行われない部分をいい，解剖学的死腔と生理的死腔（機能的死腔）とがある.

4．肺換気量

1分間に肺に入る空気量を肺換気量（$\dot{V}E$）といい，一回換気量（tidal volume：TV）と1分間の呼吸数（f）との積になる.

肺換気量＝一回換気量×1分間の呼吸数

この関係式から分かるように肺換気量は一回換気量の大小と1分間の呼吸数の多少により決まる．運動強度が増すにつれ肺換気量は増加していくが，その増加は一回換気量の増加が先行し，その後，1分間の呼吸数が増加する．最大運動時では，呼吸数は60回ほどにも達するがこの最大値（fmax）には性やトレーニング度などによる個人差が小さいので，一回換気量の大小が最大肺換気量（$\dot{V}Emax$）を決定する.

■註：$\dot{V}$の˙は1分あたりの意味で，Vはvolume（量）のVである.

ガス交換は肺胞で行われる．したがって，肺胞に達しない空気は酸素が体内に取り込まれないことになり，その意味はなくなってしまう．一回換気量は約500mLであるが，そのうちの150mLは肺胞のない死腔にとどまっている．肺胞に達するのは350mLにしかすぎない．こうした死腔の存在を考慮して有効換気量（肺胞換気量），無効換気量（死腔換気量）の考えがある．すなわち

肺換気量＝有効換気量＋無効換気量

である．肺胞に達しガス交換に関係した換気量が有効換気量であり，死腔にとどまりガス交換に関係しなかったのが無効換気量である．この考えから，運動中の深い呼吸の意味が分かる．ジョギングをしている時の肺換気量を仮に40L/分としよう．そして浅い呼吸では一回換気量が1Lで1分間の呼吸数は40回，深い呼吸では一回換気量が2Lで1分間の呼吸数が20回とする．その結果，浅い呼吸での有効換気量は34L/分であるが，深い呼吸では37L/分となる．スーハー，スーハーの浅い呼吸よりは，スースー，ハーハーの深い呼吸のほうが効率のよい呼吸方法であることが分かる．ただし，安静時での深い呼吸の繰り返し（過呼吸）は呼吸性アルカローシスを招くので注意が必要である.

2 循環器系

1．循　環

心臓を起点とする循環系は大循環と小循環とに分かれる．大循環は体循環ともいわれ，左心室から駆出された動脈血が体の隅々まで行き渡り，静脈血として右心房に戻

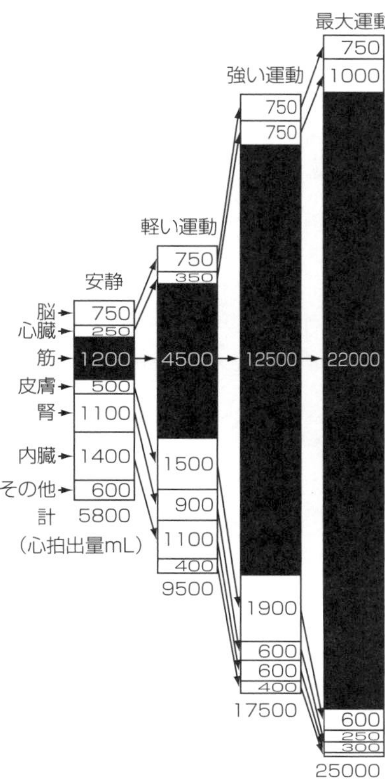

図2–4–5　安静および各種運動強度での血液配分の変化.
（Chapman & Mitchell : The physiology of exercise. Scientific American 212 (5) : 88, 1965）

るまでの循環である．小循環は肺循環ともいわれ，右心室から駆出された静脈血が肺でガス交換され，動脈血として左心房に戻るまでの循環である．本書が対象とするのは，主として体循環である．

血液量は体重の6～8%といわれるから，日本人成人の血液量は4Lほどである．この大量の血液を循環させるうえで中心となるのが心臓である．補助的な働きをしているのが動脈血管壁の弾性と，俗に「筋肉ポンプ」ともいわれる静脈弁である．

循環血液量は図2–4–5に示したように，安静時と運動時では配分状態が異なる．運動強度が増すにしたがい，もっとも顕著な増加をするのが筋である．運動の主体が筋の収縮であることを考えれば当然のことである．内臓諸器官は減少傾向を示す．皮膚は増加するものの最大運動時では減少する．脳は不変である．

2. 心　臓

心臓は握りこぶしよりは少し大きい大きさで，図2–4–6に示したように厚い心筋から作られている．心筋は構造的には横紋筋である．安静時では毎分60～70拍の収縮回数であるが，最大運動時には青年では200拍にも達する．しかし，持久的なトレーニングを積んだ者では安静時，最大運動時ともにこれより20拍ほど減少する．

心臓は，延髄由来の交感神経と副交感神経により支配されており，両者の関係が拮抗的に作用する相反神経支配である．すなわち心臓の働きは交感神経の刺激により促進され，副交感神経により抑制される．スポーツ選手の徐脈は副交感神経の活動が亢

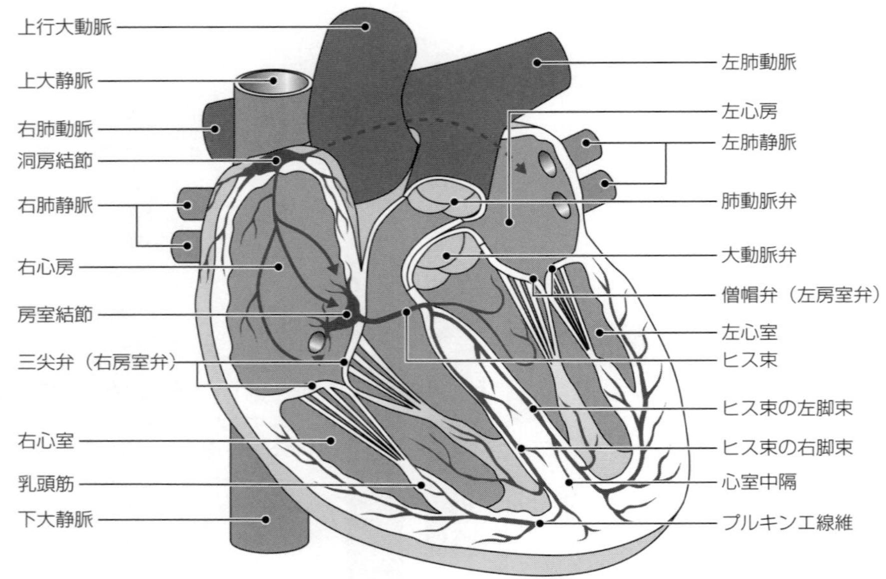

図2-4-6　心臓の構造.
（講談社編：からだの地図帳，1989）

進することにより起きる．心臓での興奮は，普通，洞房結節にて起こり，そこから両心房，さらには心室へと興奮は伝わる．しかし，心房と心室との間は結合組織性の膜で隔てられているため，房室間では刺激伝導系により興奮連絡がなされる．なお，心臓自体には摘出しても一定のリズムで収縮と弛緩とを繰り返す自動拍動性がある．

心臓は左右2つの心房と左右2つの心室により構成されている．スポーツ選手は一般に心室の肥大，なかでも左心室が肥大していることが知られている．しかし，一律に肥大しているのではなく，マラソン選手などの持久的な選手では左心室容量が増大し，心室からの血液駆出量の増大をもたらしている．重量挙げ選手などの大きな力を発揮する選手では左心室の筋厚が肥大し，心筋の収縮力が増し駆出力の増大をもたらしている．

3．血管系

血管系各部の特徴は図2-4-7のようになる．左心室から駆出された血液は大動脈から動脈，細動脈を通って毛細管血管へと行く．心臓から断続的に拍出された血流は，動脈壁の弾性により動脈を通過するうちに平滑化され，毛細血管と静脈では血流が拍動することはない．毛細血管では血液量は少ないが，その数と横断面積は極めて大きくなり，血流速度が遅くなってガス交換がしやすい状態となる．また，毛細血管には前毛細血管括約筋があり，収縮，弛緩することによって毛細血管への血液配分を調整している．この働きにより，血液の配分状態は替わる（図2-4-5参照）．静脈は血圧も極めて低く，血流速度が遅く，体循環での血液量の75%があることから，循環血液量を調整する容量血管ともいわれる．また，静脈は体表近くにあり，血管壁が薄く，筋運動により容易に押しつぶされる．静脈での血流の遅滞や逆行を防ぐために，筋肉

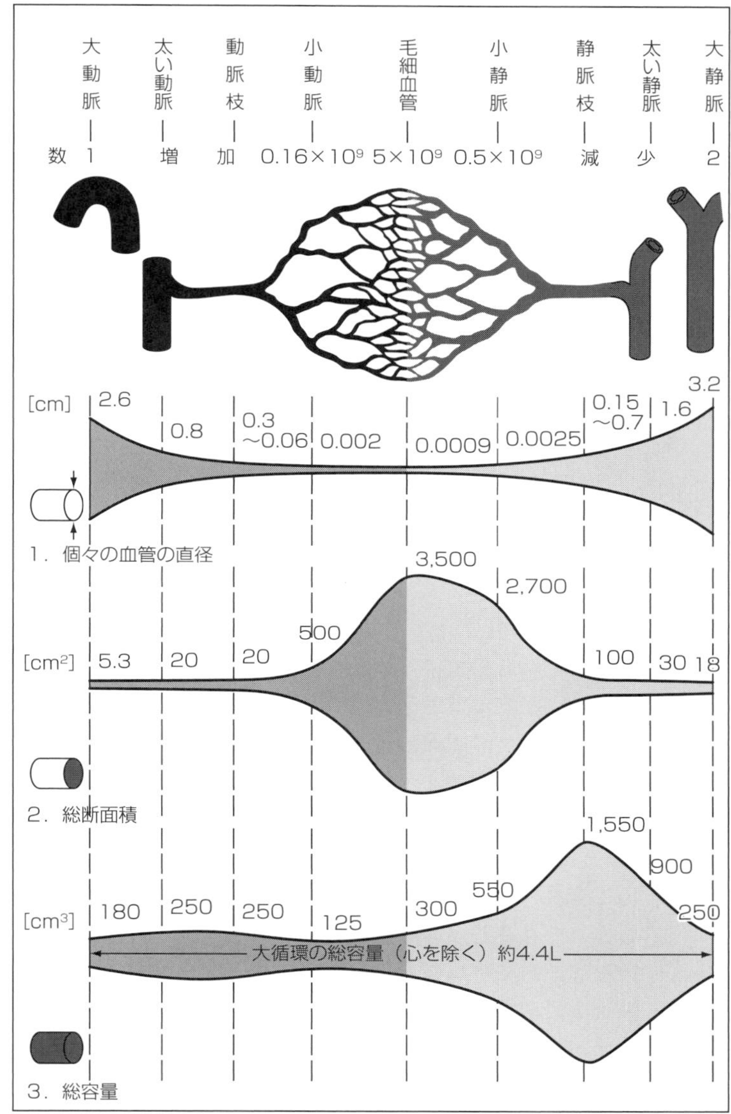

図2-4-7　血管の数，断面積，容量．

（Silbernagl & Despopoulos，福原・入來訳：生理学アトラス，文光堂，1992）

ポンプともいわれている静脈弁があり，心臓に向けての還流を促している．

4．血　液

血液は血漿と血球とからできている．血漿は血液の約55％を占め，そのほとんどが水分から構成されている液体である．血球は赤血球，白血球，血小板から構成されている．赤血球濃度の正常値は成人男子で500万/mm^3，成人女子で450万/mm^3であり，ヘモグロビン濃度は1dL（100mL）あたり男子が16g/dL，女子が14g/dLである．

酸素は血漿にはほとんど溶けず，赤血球中のヘモグロビン（Hb）と結合し酸化へ

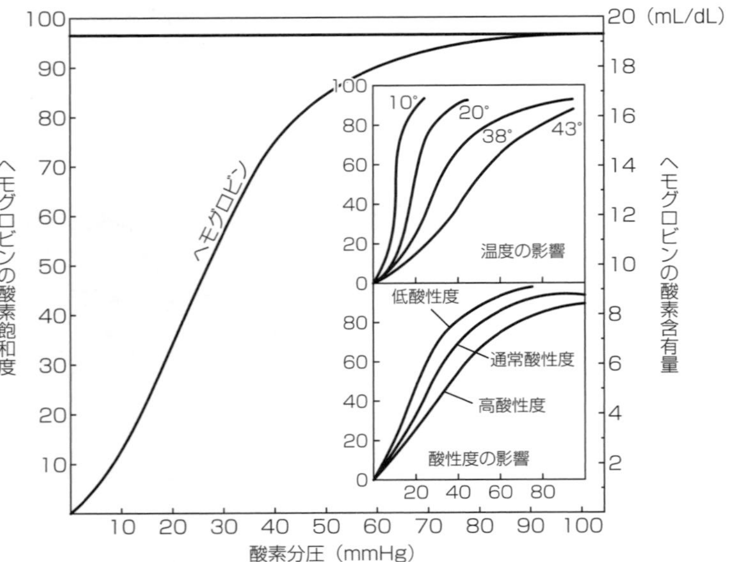

図2-4-8 ヘモグロビンの酸素解離曲線.
（宮下・石井編：運動生理学概論，大修館，1983）

モグロビン（HbO_2）として組織に移送される．動脈血では1gのヘモグロビンは1.34mLの酸素と結合しているので，動脈血100mL中の酸素含有量は約20mLとなる．この含有量は，組織にて酸素が消費されるため，静脈血中の酸素含有量は減少する．動脈血酸素含有量と静脈血酸素含有量との差は動静脈酸素較差と称されて，諸器官の活動の程度をみる指標である．筋の動静脈酸素較差は安静時では8mL/dLほどであるが，最大運動時では18mL/dLほどにも達する．

一方，筋で産生された二酸化炭素は，酸素と同様にそれ自体が血漿に溶ける量は極めて少ない．多くは重炭酸塩として存在し，その他はヘモグロビンや血漿タンパクと結合して存在し，静脈血により肺に移送され再び二酸化炭素に戻り呼出される．

なお，ヘモグロビンは一酸化炭素と強い結合力を持つため，わずかの一酸化炭素が吸気中に混入していても，ヘモグロビンに結合している酸素は追い出されてしまう．喫煙が特にスポーツ選手にとって望ましくない理由のひとつは，喫煙により否応なく一酸化炭素を吸入してしまい，酸素運搬能が低下することである．

5．酸素の運搬

大気中の酸素が筋に運搬される原動力は酸素の分圧差である．分圧とは，複数の気体が混じった混合気体の中で，ある気体の持つ圧力のことである．酸素の分圧は吸気，肺胞気，動脈血，静脈血に行くにしたがい低下するが，各ガス交換の場では，この分圧の差によって酸素は移動する．

この分圧とヘモグロビンの酸素結合能との関係は，ヘモグロビンの酸素解離曲線として表され図2-4-8のようになる．図での酸素分圧100mmHgは，ほぼ動脈血の酸素分圧に当たる．40mmHgは静脈血の酸素分圧である．一方，ヘモグロビンの酸素飽和度100%とは動脈血での最大酸素含有量である．動脈血の酸素飽和度は約98%であるが，100%にならないのは肺動脈から肺静脈へのバイパスの存在による．静脈血の酸素飽和度は約75%であり，この差が酸素の運搬に用いられる．なお，この酸素解離曲線は温度の上昇，二酸化炭素分圧の増大，pHの減少などにより曲線は右方に移動する．

酸素解離曲線の特性はスポーツ選手にもいろいろの影響を与える．小型酸素ボンベが人気を得ているようであるが，高濃度の酸素を吸入してみても酸素運搬能への効果はない．図にて分かるように，平地での動脈血の酸素飽和度はほとんど100％であり，これ以上ヘモグロビンは酸素を取り込むことはできないのである．次いで，高地での運動である．酸素解離曲線の特性から，酸素分圧がある程度低下をしても，すぐに飽和度は低下しない．ほぼ標高1500mまでがこれに当たり，気圧が低下し酸素が薄くなってもヘモグロビンの酸素含有量はほとんど変化しない．したがって，高地トレーニングを企てるのであれば標高2000mは必要である．

6．心拍出量

1分間に心臓が送り出す血液量を心拍出量（$\dot{Q}$）といい，一回拍出量（stroke volume：SV）と1分間の心拍数（heart rate：HR）との積になる．

心拍出量＝一回拍出量×1分間の心拍数

この関係式から分かるように心拍出量は一回拍出量の大小，1分間の心拍数の多少により決まる．運動強度が増すにつれ一回拍出量と心拍数ともに増加していくが，一回拍出量の増加は中程度の運動強度で頭打ちとなり，その後は心拍数増加により心拍出量は増加する．安静時では，一回拍出量は60mLほどであり，心拍数は70拍ほどであるから心拍出量は4.2Lとなる．全血液量がほぼ4Lであるから，安静時では，全血液は1分間で体を一回りする計算となる．持久的トレーニングを積んだ選手では，安静時は一般人よりも一回拍出量は大きく，心拍数は少ない．最大運動時では，一回拍出量と心拍数は一般人では100mL，200拍となり，心拍出量は20L/分である．選手では150mL，180拍となり心拍出量は30L/分ほどである．以上のように心拍出量，一回拍出量，1分間の心拍数にはトレーニングの影響が大きくでる．

7．血　圧

通常，血圧は上腕にマンシェット（圧迫帯）を巻いて測定される．心臓の収縮期の血圧を最高血圧（または収縮期血圧）といい，拡張期の血圧を最低血圧（または拡張期血圧）という．最高血圧は一回拍出量，拍出速度，動脈壁の弾性に依存し，最低血圧は末梢循環抵抗，心臓の次の収縮までの時間，動脈壁の弾性に依存している．したがって，血圧は運動をすることにより大きく変動する．運動強度の増加にともなって最高血圧は増大するが，最低血圧は変化しないか，わずかに減少する．最高血圧の増大は循環血液量を増加させるためには不可欠の反応である．循環血液量が増大するため，末梢の循環抵抗は増加してもいいようであるが，安静時には閉鎖されていた毛細血管が開放されるので最低血圧が増加することはない．また，運動による血圧の変化は，脚を使う全身運動に比べ腕を主体とする局所運動の方が顕著である．さらに，ランニング等の持久的運動と比較して，筋力トレーニングのような抵抗性運動時は血圧が上昇しやすい．

一方，動脈硬化は最高血圧の増大をもたらすので，通常，最高血圧は加齢とともに増加する．表2-4-1，2-4-2に加齢による血圧の変化と高血圧の判定基準を示した．

表2-4-1　日本人の加齢と血圧（mmHg）．（平成29年国民健康・栄養調査を基に著者が作成）

年齢	男性		女性	
	収縮期血圧	拡張期血圧	収縮期血圧	拡張期血圧
20～29歳	116.6	74.5	108.9	68.4
30～39歳	119.5	79.1	110.8	71.5
40～49歳	128.3	83.9	118.4	76.0
50～59歳	133.4	86.4	125.1	79.0
60～69歳	138.2	85.0	134.7	81.1
70歳以上	140.9	80.3	138.4	78.0

表2-4-2　成人期における血圧値の分類（mmHg）．（高血圧治療ガイドライン2019）

分類	収縮期血圧（最高血圧）	拡張期血圧（最低血圧）
正常血圧	< 120かつ< 80	
正常高値血圧	120～129かつ/または< 80	
高値血圧	130～139かつ/または80～89	
Ⅰ度高血圧	140～159かつ/または90～99	
Ⅱ度高血圧	160～179かつ/または100～109	
Ⅲ度高血圧	≧ 180かつ/または≧ 110	
収縮期高血圧	≧ 140かつ< 90	

3　酸素摂取量（$\dot{V}O_2$）とその関連指標

前述したのは呼吸器・循環器系の基礎的生理学のまとめであるが，運動・スポーツ生理学の視点でもっとも信頼され利用頻度が高いのが酸素摂取量である．ここでは，応用編ともいえる酸素摂取量とその関連指標をまとめる．

1．酸素摂取量

1分間あたりで摂取される酸素の量を酸素摂取量（$\dot{V}O_2$）という．前述したように，呼吸循環系では筋まで酸素を運搬することが最大の目的である．一般に体内に摂取される酸素の量は呼吸器系での測定により以下のように求められる．

酸素摂取量＝吸気中の酸素量－呼気中の酸素量

吸気中の酸素量も呼気中の酸素量も，肺換気量に酸素濃度を乗じて求められる（呼気中にも多くの酸素が含有されている！）．吸気中の酸素濃度は約21%，呼気中の酸素濃度は約17%（ただし運動強度により変化する）であるから，肺換気量が40L/分では酸素摂取量は1.6L/分となる（厳密な計算はもう少し複雑である）．

また，循環器系での測定より以下のようにも求められる．

酸素摂取量＝心拍出量×動静脈血酸素較差

心拍出量は一回拍出量と心拍数を乗じて求められるため，一回拍出量は90mL，心拍数は120拍/分では心拍出量が1.3L/分となり，動静脈血酸素較差は12mL/dLであると，酸素摂取量は1.3L/分となる．

生理学では運動強度の指標として，酸素摂取量がもっとも信頼され用いられてきている．その最大の理由は，酸素摂取量により人体が産生したエネルギー量が分かるからである．後で述べる呼吸商の大小によるが，酸素1Lの消費はほぼ5kcalのエネルギー消費に相当するのである．本書においても，運動強度指標として酸素摂取量あるいはその関連指標を用いることが多い．

2．運動中の酸素摂取量

ある運動を開始すると酸素摂取量は安静時から増加をするが，運動が軽度から中等度であれば一定となる．運動が同じスピード（運動強度）で行われることの多いウォーキングあるいはジョギングを例にしたのが図2-4-9である．運動中，酸素摂取量は一

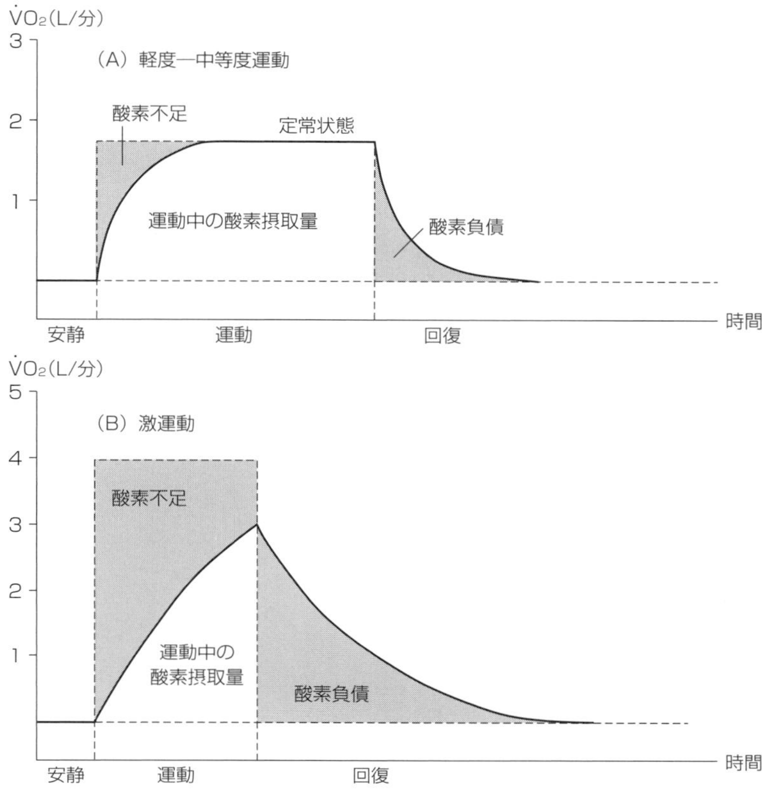

図2-4-9 運動中の酸素摂取量と関連指標.

定となるが，そのような一定状態は定常状態（steady state）と呼ばれ，運動強度すなわち活動筋のエネルギー需要に見合う酸素量を摂取している状態である．この定常状態に達するまでは，運動強度と酸素摂取量とがバランスが取れない状態であるが，運動強度に不足するエネルギーは無酸素性エネルギー供給機構によりまかなわれ，その量を酸素不足（oxygen deficit）という．運動終了後，酸素摂取量は徐々に減少していくが，安静状態に戻るまでを酸素負債（oxygen debt）という．最近では回復期酸素摂取量（recovery oxygen consumption）あるいはEPOC（excess postexercise oxygen consumption）とも称される．

かつて酸素不足量は酸素負債量に相当すると考えられたが，現在ではそのようには考えられていない．例えば，激運動により体温が上昇するが，その状態が運動後も数時間続き代謝経路に影響を与える．運動終了後の酸素摂取量はなかなか安静状態には戻らない．その結果，酸素負債量は増加することになる．すなわち酸素負債量は，運動時の無酸素性エネルギー供給機構と回復期の呼吸，循環，ホルモン，イオン，体温調節により影響を受けるのである．

なお，運動に必要なエネルギー量（酸素需要量）は運動中の酸素摂取量（安静時酸素摂取量を除く）と酸素不足の和として算出できる．しかし，酸素不足を定量することは難しい．定常状態にある運動であれば，運動中の１分間値の酸素摂取量に運動時間を乗じて求めることができる．91頁の図3-3-1の運動が6分続いたとすると，その酸素需要量は（1.5L/分－0.25L/分）×6分＝7.5Lと算出できる．

しかし，400mを全力で走るといった激運動では定常状態は出現しない．図2-4-9は，その概念図であるが，運動中に酸素摂取量が定常状態になることはない．なお，極端な例ではあるが，50mから100mの短距離を全力疾走する場合，運動中は無呼吸のために酸素摂取量は0となる．

3．運動強度と呼吸器・循環器系指標の変動

運動強度の高まりとともに，呼吸器・循環器系の働きは変化していく．図2-4-10

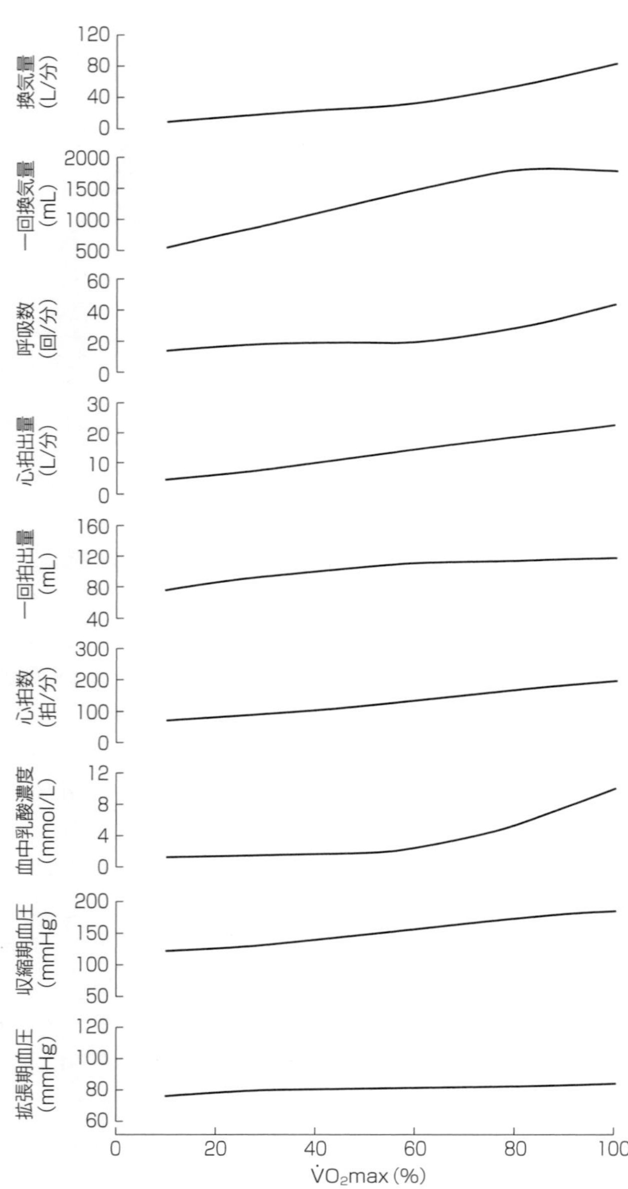

図2-4-10　運動強度と呼吸循環系指標の変化．

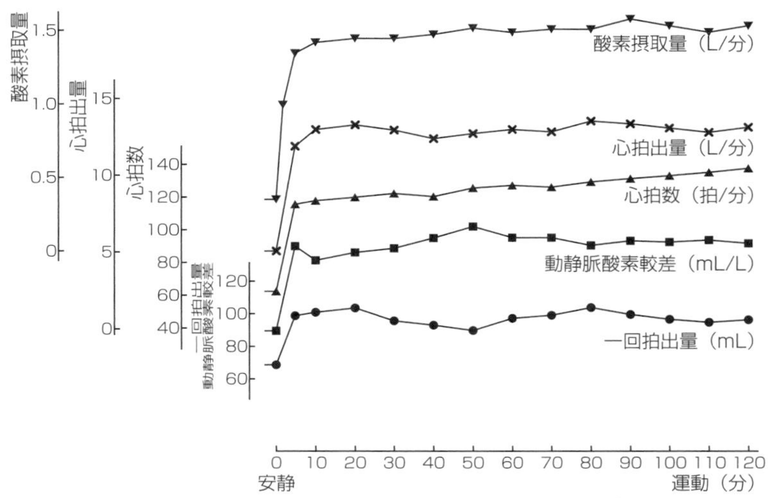

図2-4-11　50%$\dot{V}O_2$maxでの2時間の自転車こぎ運動による酸素摂取量と心臓循環系の変化．運動を始めると，その強度になじむには数分かかる．かかる時間は運動強度次第である．
（猪飼編：身体運動の生理学，杏林書院，1973）

に示したのは，自転車こぎ運動時のもので，最大酸素摂取量（$\dot{V}O_2$max）を100%とする酸素摂取水準（% $\dot{V}O_2$max：3章［3］参照）からみた呼吸循環系指標の変化の様相である．60～70%ほどの強度にて諸指標に変化が生ずる．肺換気量はそれまでの比例的増加傾向から急増するが，それは過剰換気（over-ventilation）といわれる．運動強度とともに増加してきた一回換気量は頭打ちになる．呼吸数はそれまで一定であったものが急増し始める．心拍数と心拍出量は最大強度まで直線的に増加する．しかし，一回拍出量はほぼ50%強度までは増加するものの，そこで頭打ちとなる．心拍出量の増加は，50%強度までは心拍数と一回拍出量の増加でまかなっているが，それ以上の強度になるとほとんど心拍数の増加だけでまかなう．心臓の駆出力を反映する最高血圧は最大強度まで直線的に増加するが，末梢抵抗を反映する最低血圧は安静時とほぼ同じ水準にある．これは，循環血液量が増えても末梢の血管が拡張するためである．

血中乳酸は安静時から微増しほぼ60%強度で増加するが，この増加し始めるところを乳酸性作業閾値（lactate threshold：LT）という．さらに強度が増すと血中乳酸は急増する．その強度をOBLA（onset of blood lactate accumulation）という（99頁，図3-3-5参照）．なお，過剰換気の始まる時点での運動強度を換気性作業閾値（ventilation threshold：VT）と呼び，無酸素性作業閾値（anaerobic threshold：AT）の具体的指標と考えられている（99頁，図3-3-5参照）．

4．呼吸循環器系指標の変動：運動時間，運動強度から

最大酸素摂取量の50%強度（ジョギング相当）で2時間の自転車こぎ運動を続けた際の諸循環器系指標の変動の様相を図2-4-11に示した．運動を開始してから，一定の水準（定常状態）になるには数分かかる．この間は，いわばウォーミングアップといえる．定常状態に達する時間は運動強度しだいである．強度が低ければ短いし強ければ長くなる．定常状態とは，酸素摂取量でいえば，運動強度に見合うエネルギーを

表2-4-3　非たんぱく質性呼吸商における酸素1Lあたりのカロリーと，糖質および脂質の燃焼比率．

非たんぱく質性呼吸商	酸素1Lあたりのカロリー(kcal)	糖質(%)	脂質(%)
0.707	4.686	0.0	100.0
0.71	4.690	1.1	98.9
0.72	4.702	4.8	95.2
0.73	4.714	8.4	91.6
0.74	4.727	12.0	88.0
0.75	4.739	15.6	84.4
0.76	4.750	19.2	80.8
0.77	4.764	22.8	77.2
0.78	4.776	26.3	73.7
0.79	4.788	29.9	70.1
0.80	4.801	33.4	66.6
0.81	4.813	36.9	63.1
0.82	4.825	40.3	59.7
0.83	4.838	43.8	56.2
0.84	4.850	47.2	52.8
0.85	4.862	50.7	49.3
0.86	4.875	54.1	45.9
0.87	4.887	57.5	42.5
0.88	4.899	60.8	39.2
0.89	4.911	64.2	35.8
0.90	4.924	67.5	32.5
0.91	4.936	70.8	29.2
0.92	4.948	74.1	25.9
0.93	4.961	77.4	22.6
0.94	4.973	80.7	19.3
0.95	4.985	84.0	16.0
0.96	4.998	87.2	12.8
0.97	5.010	90.4	9.6
0.98	5.022	93.6	6.4
0.99	5.035	96.8	3.2
1.00	5.047	100.0	0.0

（Zuntz: Ueber die Bedeutung der verschiedenen Nährstoffe als Erzeuger der Muskelkraft. Arch Gesamte Physiol, Bonn, Germany: 1901; LXXXIII: 557-571: Pflugers Arch Physiol, 83: 557, 1901）

有酸素性エネルギー供給機構でまかなっている状態である．

5．呼吸商

1分間あたりの二酸化炭素排出量（排泄量ともいう）を1分間あたりの酸素摂取量で除した商を呼吸商（respiratory quotient：RQ）という．すなわち，

呼吸商＝二酸化炭素排出量÷酸素摂取量

であり，その値は0.7～1.0である．数値の大きさは体内で燃焼された糖質と脂質の割合を表す．表2-4-3に示したように，糖質だけの燃焼であれば呼吸商は1.0であり，脂質だけの燃焼であれば0.7である．なお，糖質と脂質以外にも燃焼され筋収縮のエ

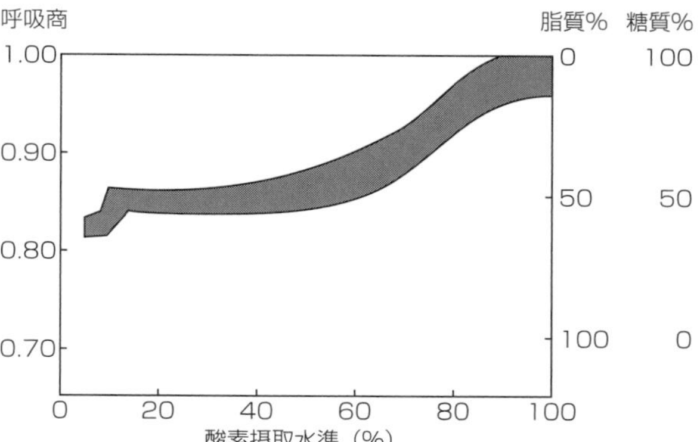

図2-4-12　運動強度と呼吸商および糖質と脂質の燃焼比.
（Åstrand & Rodahl：Textbook of work physiology, Mc-Graw-Hill Book Company, 1986）

ネルギーとなるのはたんぱく質である．しかし，たんぱく質がエネルギーとして利用されるのは，絶食や飢餓状態などで糖質の摂取が減少した時や長時間運動をする時などに限られるため，一般的には運動時のエネルギー源としてはたんぱく質を考慮しない．表2-4-3の表題において「非たんぱく質性呼吸商」とあるのはそうした理由による．

本来，呼吸商は筋での代謝状態を表す指標であるが，呼吸器系での測定から求められるのが一般的である．そのため運動強度が大きくなると二酸化炭素排出量が酸素摂取量を一時的に上回るので1.0を越える値がみられる．また運動後の回復時には逆の現象が一時的に生ずるために0.7を下回る値がしばしば観察される．こうした現象に対応させるために呼吸商に替って呼吸交換比（respiratory exchange ratio：R）が用いられることがある．

呼吸商は図2-4-12に示したように，運動強度の増加にともない増大する傾向にある．安静時からジョギングなどの中強度の運動までの呼吸商は0.85ほどで一定であり，糖質と脂質が半々に燃焼されていることを示す．その後，呼吸商は増加し最大運動時では1.0に達し，そこでの燃料は糖質が100%であることを示す．近年注目を浴びている減量のための運動について，体脂肪を効率よく燃焼させるためには中程度の運動強度がよい，といわれる背景はここにある．

6．酸素摂取量率，換気当量

空気中には20.93%の酸素があるが，酸素以外はほとんどが窒素である．その構成比率は，高地であってもほとんど一定である．こうした空気からヒトは呼吸することで酸素を体内に取り入れている．吸気中には20.93%の酸素があるが，たとえば呼気中では17%ほどである．これより体内に3.93%の酸素が摂取されたことになる．この3.93%が酸素摂取率であり，呼吸器系の効率の良否の指標となる．値が大きいほど，優れているといえる．一方，考え方からみれば酸素摂取率とは反対となるのが換気当量である．近年では，酸素摂取率よりも換気当量が広く用いられるようになってきた．

コラム[2] 空気の量は，地上と富士山山頂とでは同じではない！

ヒトが生活する環境での気体の量は，気圧と温度により変わる．ある決められた体積の空気を構成する窒素分子や酸素分子の量が，気圧と温度により変化するからである．したがって，ヒトの呼吸する気体の量はボイルの法則とシャルルの法則に従い，以下に示すBTPSやSTPDの状態に変換し算出する必要がある．

●ボイル・シャルルの法則（圧力と温度の影響）

ヒトが呼吸する気体の量（肺換気量や酸素摂取量など）は，ボイルの法則とシャルルの法則に従って計算する．通常，換気量は測定時の室温および大気圧条件下（ATPS：Ambient Temperature, ambient Pressure, Saturated with water Vapor）でまず求められるが，換気量は体温と周りの気圧の状態（BTPS：Body Temperature, ambient Pressure, Saturated with water Vapor）において表す．一方，酸素摂取量や二酸化炭素排出量は標準状態，すなわち摂氏零度，1気圧で水蒸気を含まない乾燥状態（STPD：Standard Temperature, standard Pressure and Dry）で表す．

このように，肺換気量はBTPS，酸素摂取量はSTPDを基準にして表すことにより，平地や高地あるいは砂漠のような環境下にあっても，ヒトが呼吸する気体の量は同じ基準で計算することにより，比較検討することが可能となる．

ボイルの法則（圧力の影響）

1662年，アイルランド人のBoyleが見つけた法則で，温度が一定の時，気体の体積は圧力に反比例して変化する，という法則である．すなわち，気体は圧力により体積が変わる．身近な例を取れば，空気が封入されたポテトチップスの袋が高い山では膨らんだり，缶詰が高圧のかかる深海では押し潰されたりする現象がそうである．

シャルルの法則（温度の影響）

1787年，フランス人のCharlesが見つけた法則で，圧力が一定の時，気体の体積は絶対温度*に比例して変化する，という法則である．温度が1度上昇すればその体積は1/273膨張し，温度が1度低下すればその体積は1/273収縮するのである．身近な例では，熱気球が空に上ることは，空気が温められ膨張し軽くなるせいである．

＊温度はセ氏（C）やカ氏（F）で表すのが一般的であるが，絶対温度とは，ケルビン（K）で表す熱力学温度である．絶対零度0度は，日本人にとって馴染みのあるセ氏では－273.15度である．よって，セ氏から絶対温度への変換は，K＝Cの温度＋273.15度となる．なお，絶対零度0度すなわち－273.15度では，分子や原子の動きが止まり，エネルギーが最小限の常態となることから，理論上，この世でもっとも低い温度といえる．

2章　運動とスポーツの背景

[5] 環　境

スポーツの普及にともない，人は様々な環境下でも激しい運動を行うようになってきた．屋外スポーツのサッカーを例に取れば，氷点下の地でも，高温多湿の地でも，ゲームは行われる．また，酸素が少なく乾燥した高山へ登山家は挑戦をしているし，大きな圧力を受ける深い海への潜水にも人は挑んでいる．低温乾燥，高温多湿，低圧高圧といった環境への挑戦は，人が新たな進化の道を探っているともいえよう．

1　温度と湿度

運動をすることは筋を収縮させることであり，それは同時に体温の上昇を意味する．人の体は体温37℃ほどで順調に機能するようにできているが，運動による一時的な体温上昇であってもその上限は40.5℃ほどである．体温の許容範囲は，このように極めて狭いので，運動での産熱による過熱状態を防ぐためには熱の放散が重要である．したがって，体の周りが放熱できにくい環境となれば，体は正常には機能しなくなってしまう．高温多湿の大気は運動には不適切な自然環境であり，また，空調設備のない真夏の体育館は人為的に不適切な環境といえる．こうした環境下で運動を続けることは熱中症を引き起こすことになる．日本生気象学会によれば(2013)，熱中症は「皮膚の障害などを除外した暑熱障害(heat disorders)」の総称で，熱失神，熱けいれん，熱疲労および熱射病に分類される．発症の原因は主として，過度の体温上昇と脱水である，と定義されている．

放熱は輻射，伝導，対流，蒸発によって行われる．筋収縮により発生した熱は血液を暖め輻射，伝導，対流によって皮膚および気道から放熱される．運動時の放熱としてもっとも重要なのは発汗によるもので，なかでも汗の蒸発による気化熱は放熱作用としてもっとも効率が良い．そのためには湿度が低い方が良い．湿度が高い時には汗が気化しにくくなり，汗が液体としてとどまる（無効発汗）ため放熱効果が著しく低下し体液の急激な減少をもたらすことになる．

体温の調節については，外気の温度もさることながら，注意しなければならないのは湿度である．温度が100℃もあるサウナに入っていられるのは湿度が極めて低いからである．高温環境下での運動では，気温だけでなく湿度への配慮を忘れてはならない．図2−5−1に示したのは，WBGT（Wet-bulb globe temperature，湿球黒球温度）を「暑さ指数」とした熱中症予防運動指針であり，気温と湿度からみた熱中症発生の危険度である．このように，高温多湿環境は，そもそも運動には適していないが，そうした環境下にあっても運動を行う時には，水分と電解質の補給を忘れてはならない．

低温環境での運動は高温環境ほどの問題はない．衣類により体温が保全されるからである．しかし，絶対湿度が低いために気道からの水分損失が少なくないことと，冷気を吸入することによる呼吸器系の損傷には注意が必要である．

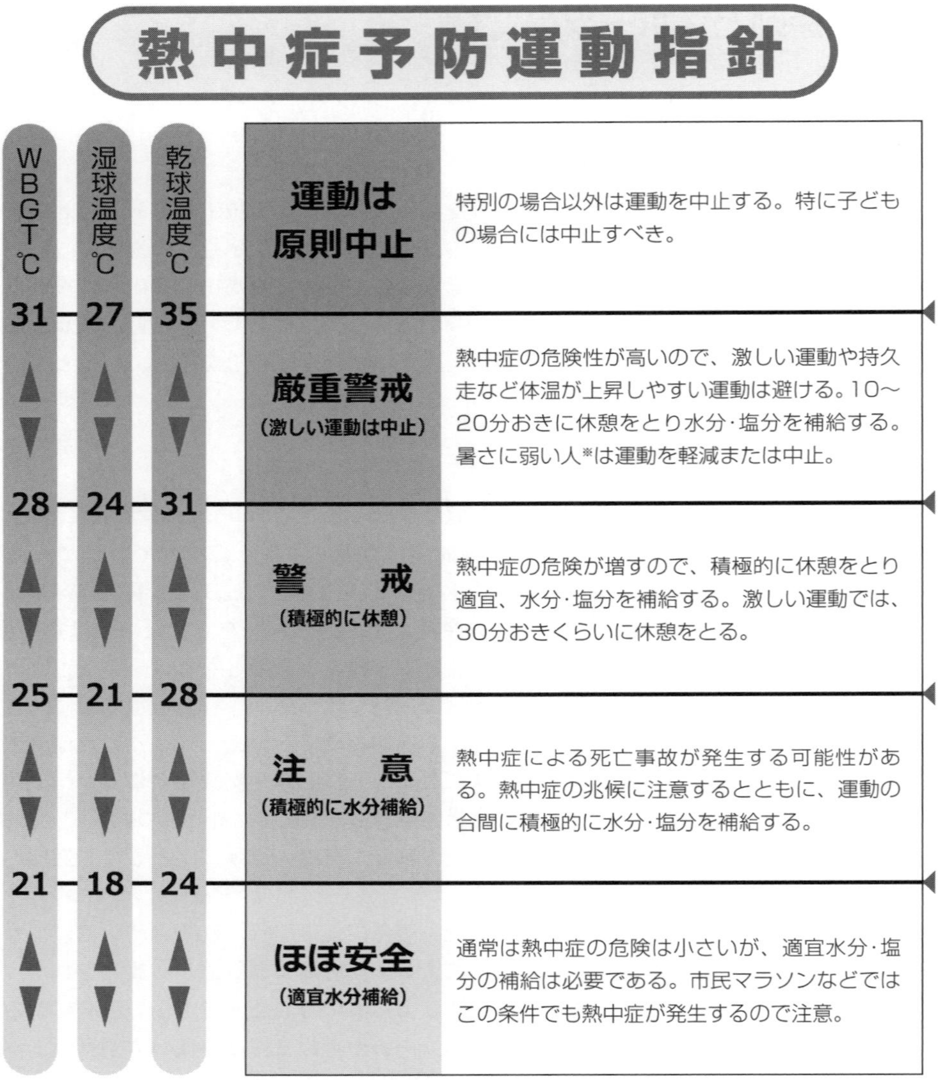

熱中症予防運動指針

WBGT℃	湿球温度℃	乾球温度℃		
			運動は原則中止	特別の場合以外は運動を中止する。特に子どもの場合には中止すべき。
31	27	35		
▲▼	▲▼	▲▼	**厳重警戒**（激しい運動は中止）	熱中症の危険性が高いので、激しい運動や持久走など体温が上昇しやすい運動は避ける。10～20分おきに休憩をとり水分・塩分を補給する。暑さに弱い人※は運動を軽減または中止。
28	24	31		
▲▼	▲▼	▲▼	**警　戒**（積極的に休憩）	熱中症の危険が増すので、積極的に休憩をとり適宜、水分・塩分を補給する。激しい運動では、30分おきくらいに休憩をとる。
25	21	28		
▲▼	▲▼	▲▼	**注　意**（積極的に水分補給）	熱中症による死亡事故が発生する可能性がある。熱中症の兆候に注意するとともに、運動の合間に積極的に水分・塩分を補給する。
21	18	24		
▲▼	▲▼	▲▼	**ほぼ安全**（適宜水分補給）	通常は熱中症の危険は小さいが、適宜水分・塩分の補給は必要である。市民マラソンなどではこの条件でも熱中症が発生するので注意。

1）環境条件の評価にはWBGT（暑さ指数とも言われる）の使用が望ましい。
2）乾球温度（気温）を用いる場合には、湿度に注意する。
　湿度が高ければ、1ランク厳しい環境条件の運動指針を適用する。
3）熱中症の発症のリスクは個人差が大きく、運動強度も大きく関係する。
　運動指針は平均的な目安であり、スポーツ現場では個人差や競技特性に配慮する。

※暑さに弱い人：体力の低い人、肥満の人や暑さに慣れていない人など。

図2-5-1　熱中症予防運動指針.（日本スポーツ協会，2019）

2 気　圧

1．低圧環境

山に登れば気圧は低くなる．空気は窒素が約80%，酸素が約20%の混合気体であ

表2-5-1　高地と酸素.

高　度* (m)	気　圧 (mmHg)	大気 酸素分圧 (mmHg)	肺胞気 酸素分圧 (mmHg)	動脈血酸素 飽　和　度 (%)	有酸素性体力 (平地に対 する割合
0	760	159	105	97	100
1,000	680	142	94	96	
2,000	600	125	78	94	90
3,000	523	111	62	90	
4,300	450	94	51	86	75
5,600	380	75	42	80	
7,000	305	64	31	63	50
8,882	230	48	19	30	

＊原典はftにて表示.（Sharkey：Physiology of fitness, Human Kinetics Books, 1990）

るが，この比率自体は標高9,000mに近いエベレストの山頂でもほとんど変わることはない．しかし，高地では気圧が低下するために窒素や酸素の絶対量が少なくなる．また，高地では気温も低下するためそこに含有される水蒸気の絶対量も少なくなる．さらに体の内部と外部との圧力関係が高地になるにつれ外部が低くなる．登山の際に持っていったポテトチップスの袋が膨れ上がったり，水が100℃に達しないで沸騰したりするのは，こうした理由による．したがって，このように高地に滞在することは，平地にて低酸素を吸入することと厳密には同じではない．

しかし，低圧環境が体に与える顕著な影響は低酸素である．相対的酸素濃度そのものは平地と同じであるが，気圧の低下により酸素分圧が低下する．表2-5-1に示したように気圧は高度にほぼ比例して低下するが，酸素分圧も同様に低下する．したがって，高地になるほど動脈血は酸素で飽和されにくくなり，筋への酸素運搬量も減少する．しかし40頁，図2-4-8で述べたように，ヘモグロビンの酸素解離曲線に表される動脈血の酸素飽和度は酸素分圧と単純な比例関係にはなく，S字状の関係である．そのため，ある程度気圧が下がり酸素分圧が低下しても，すぐには酸素運搬量が減少するものではない．

2．低圧環境が与える運動能力への影響

図2-5-2に示したのは高度と最大酸素摂取量の関係である．最大酸素摂取量の顕著な減少は1000～1500mを越えてから見られる．したがって，そこまでの高さであれば，上述したように，平地同様の酸素運搬能力を発揮できる．また，表2-5-1の動脈血酸素飽和度からも分かるように，登山で同じ1000mを登るにしても，海抜0m地点から1000m地点へ向かうのと，2000m地点から3000m地点へ向かうのとでは体への影響は大きく異なる．

このように高地での低圧環境下では体に様々な影響を受ける．例えば急性高山病である．過呼吸，頻脈，息切れ，頭痛，吐き気，食欲不振，脱水，むくみといった症状が1500m以上になるとあらわれる．体力においては酸素運搬量の低下による全身持久力の低下である．分速150mで走るジョギングというように，ある決まった条件の運動に必要なエネルギー量は高地であっても平地であっても同じである．そのため最大酸素摂取量が低下する高地では，同じ強度の運動であっても酸素摂取水準（% $\dot{V}O_2max$：

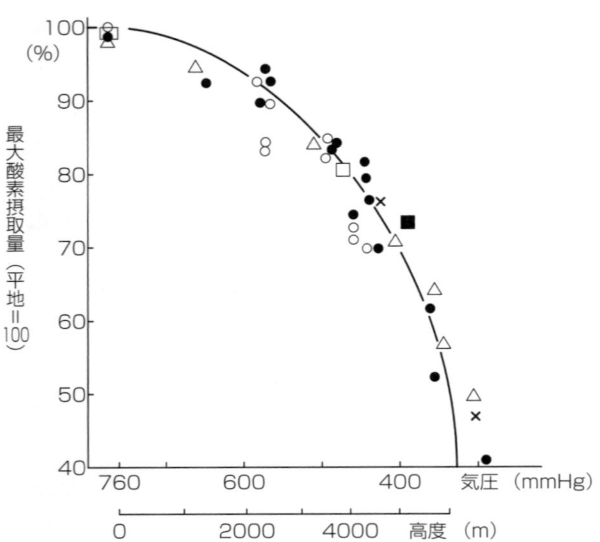

図2-5-2　高度および気圧と最大酸素摂取量の関係.
（Cerretelli & diPrampero: Aerobic and anaerobic metabolism during exercise at altitude, Rivolierら編：High altitude deterioration, Karger, 1985.）

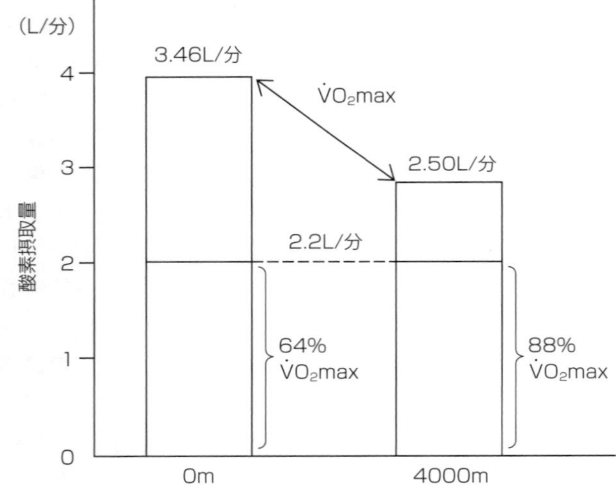

図2-5-3　海抜0mと4000mでの150W強度自転車こぎの比較.
（Stenbergら：Hemodynamic response to work at simulated altitude, 400m. J. Appl. Physiol., 21: 1589, 1966）

3章［3］参照）が増加し，体への負担は増大する．図2-5-3に示したのは運動強度が150Wの自転車こぎ運動で，酸素摂取量は2.2L/分を示している．この例では，最大酸素摂取量は平地では3.46L/分であるので，平地での運動強度は最大能力の64%，すなわち64% $\dot{V}O_2max$となる．しかし，4000mの高地では最大酸素摂取量は2.50L/分に低下してしまっているので，同じ運動をしているにもかかわらず，最大能力の88%，すなわち88% $\dot{V}O_2max$の運動強度になってしまうのである．

したがって，こうした低圧環境下ではマラソンなどの長距離走の成績は低下する．しかし，高地に順化でき練習を積むことができれば「高地トレーニングの効果」として平地に戻ったレースでは好成績を期待できる．わが国では飛騨御嶽高原に高地トレーニングエリアが整備され，国内外問わず多くのアスリートが高地トレーニングキャンプを実施している．なお,最近では平地でも高地トレーニングができるように,低圧あるいは低酸素の人工的環境が設定されたトレーニング施設が建設されている．これからは，いわゆる高地トレーニングのやり方が詳細に検討され，より良いプログラムが提供されることになるのであろう．

一方，高地では気圧の低下により空気抵抗が低下するので投てき，跳躍，短距離走などの瞬発性の高いスポーツの成績は向上する可能性がある．また，わずかではあるが引力が減少するため，投てき系種目では成績向上の可能性はさらに高くなる．1968年，2300mの高地にあるメキシコシティにてオリンピックが開催されたが，そこではマラソンなどの長距離種目の成績が低下し，投てき，跳躍，短距離走などの瞬発性の高い種目の成績が向上したのは事実である．

3．高圧環境

大気中においては，高地でのような低圧環境に対応する高圧環境はほとんどみあたらない．地表で最も低いところにあるのが有名な死海であるが，その海抜はマイナス約400mである．少しは気圧も高いのであろうが,体に影響を与えるほどのことはない．一方，プールや海などでの水中は身近な高圧環境といえなくはない．現に，水の圧力は水深10mにつき1気圧に相当する．そこでの空気は高圧となり，酸素分圧は増加するために酸素中毒や窒素酔いの症状を起こすことがある．また，水中にあるために体は浮力を受け低重量状態にもなる．したがって水中運動が体に与える影響として，体液の配分が陸上とは大きく変わることがまずあげられる．さらに，身体運動に与える具体的な問題としては，陸上と同じ運動強度であっても水泳での心拍数は約10拍/分少なくなる．また陸上と同じ様な運動をしても，それに関わる筋の作用機序は同じではない．

4．高圧環境でのコンディショニング

近年，人工的に高圧環境を作り出して治療やコンディショニングがスポーツ分野に応用されている．たとえば，医療現場では，高気圧チャンバーを用いた高気圧酸素治療（2気圧以上で純酸素を吸入する）がスポーツ外傷の治療に活用されて，捻挫や打撲による腫れや痛みの軽減に有効であることが近年の研究で報告されている．

5．水中環境

水中でのヒトは，浮力，水圧，抵抗，水温の物理的影響を受ける．

浮力とは，物体が押しのけた液体の重さに相当する力である．水中でのヒトは浮力により体重が軽減される．軽減される体重は浸かったヒトの水位で異なり，各水位での体重の相対値は図2-5-4のように報告されている．すなわち，立位では臍で約55％，剣状突起で約75％である．このように，水中での腰や下肢への体重の負担は軽減されることになる．なお，軽減される体重には性差があり，女性の方が2%ほど高いとのことである．

水圧とは，水の重さにより物体の表面に垂直にはたらく圧力のことである．水圧は水深1mにつき0.1気圧に相当し，水深に比例して増加する．このことから，水中でのヒトは立位において足部の水圧がもっとも大きく，身体の上部ほど水圧が小さくなる．こうした身体にはたらく水圧の差によって，心臓に戻る静脈の血流量が促進される．この血流量の促進は一回拍出量を増加させるため，水中での心拍数は陸上よりも

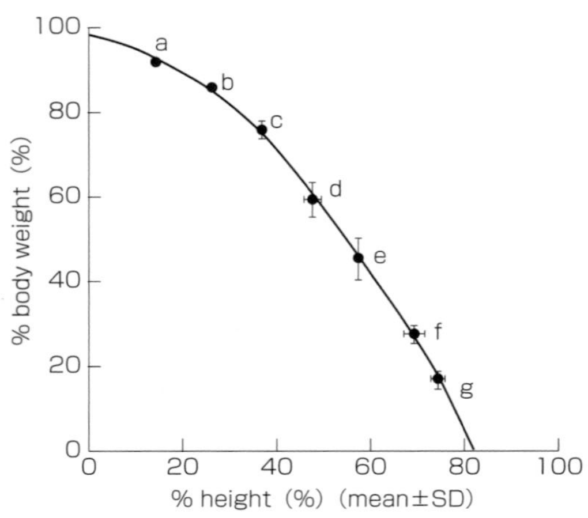

図2-5-4　水位を身長の相対値で表した時の水中での体重の相対値
a：下腿中央，b：膝関節，c：大腿中央，d：腰部（大転子），e：へそ，f：剣状突起，g：鎖骨
（小野寺昇，宮地元彦：水中運動の臨床応用：フィットネス，健康の維持・増進．臨床スポーツ医学，20: 289-295, 2003）

10拍/分ほど低下する．

抵抗とは，水中や陸上を動く物体が移動方向とは反対方向に受ける力で，物体の動きを妨げる作用がある．水中での抵抗は，陸上より約800倍も大きい．さらに，水中での抵抗は，速度の2乗に比例して増加する．一方，水の抵抗の反作用を利用することによって，水中での活動時の負荷を高めることができる．

水温とは，海洋，河川，プール，風呂などの水の温度のことをいう．水中において，ヒトが安静にしている時に冷たさや温かさを感じない水温（不感温度）は34～36℃とされている．しかしながら，陸上であればヒトはこの温度帯を暑いと感じる．こうした水中と陸上の違いは，水の熱伝導率が空気よりも25倍も高く，水中では陸上よりも身体の熱が奪われやすいからである．

コラム③　高山での酸素は薄い，とは？

空気は窒素が79.04％，酸素が20.93％，二酸化炭素が0.03％で構成されている．この構成比は地上約10,000mまでは同じである，と言われている．したがって，高山で酸素が薄くなる，という言い方には注意が必要である．酸素の比率が20.93％よりも下がる，ということではない．

1気圧は，水銀柱を760mm押し上げる圧力のことで，気象では1,013hPaである．気圧は高い場所へ行けば低くなる．51頁の表2-5-1にあるように，エベレスト山頂（8,882m）では230mmHgとなり，地上の約0.3気圧である．そこでの酸素濃度（大気酸素分圧）は地上の30％となっている．これは，構成比率が低下するのではない，酸素の絶対量が減少するのである．

2章　運動とスポーツの背景

[6] 栄　養

飽食の時代にあっては，肥満の元凶とばかりに食物を摂取することが軽視されがちである．大きな間違いである．人だけでなくすべての生物は栄養を摂取することで種の存続を図ってきている．適切な質と量の栄養を摂取してこそ，活力に満ちた日常生活を送ることができるのである．ましてや運動やスポーツを行ううえでは，適切な栄養摂取は不可欠である．本節では，運動との関連で栄養の持つ意味についてまとめる．

1　栄養素とその役割

栄養素には糖質，脂質，たんぱく質，ミネラル，ビタミン，食物繊維，水などがある．栄養素とは，生物が食物として体外から体内へ摂取し，生体内物質の原料やエネルギー源として利用される物質である．しかし，栄養素の定義や何を栄養素とするかは，時代によって変動があるようだ．例えば食物繊維のように，生体内に吸収されないものであっても，その有用性から栄養素として扱われるようになったものがある．

このなかで筋が収縮する際のエネルギー源となるのは三大栄養素と呼ばれる糖質，脂質，たんぱく質である．しかし，通常ではたんぱく質はエネルギーとして用いられる量が少ないので，運動中のエネルギー源としては，呼吸商で述べたように，無視するのが一般的である．

体の発育や組織の消耗の補充をするのがたんぱく質，脂質，ミネラルであり，体の働きの調整と代謝の円滑化に重要な働きをするのがミネラル，ビタミン，食物繊維，水である．いずれの栄養素も特有な働きを持っているので，毎日，これらの栄養素をバランスよく摂る必要がある．1日に摂るべき目安として食事摂取基準が厚生労働省から提示されているが，その量は年齢，性，身体活動度などの条件により異なる．単一の食物でこれらの栄養素を必要にして十分に含むものはないので，多品目の食品を摂取することが大切である．一例として表2-6-1に示したのは日本人の食事摂取基準のうち，エネルギー摂取基準である．また，バランスの良い食事については，厚生労働省と農林水産省が決定した「食事バランスガイド」があり，1日に何をどれだけ食べたら良いかをコマをイメージして提示している．

1．糖　質

糖質は体内では，グルコースとして血液中に存在するし，またグリコーゲンとして筋や肝臓に蓄積されている．しかし，グリコーゲンという形態は分子構造的には水分を含み，貯蔵するには適切ではないので，多くは脂質に合成され脂肪組織に蓄えられる．体内で発生する糖質のエネルギー量は1gあたり4kcalである．なお，脳・神経系は糖質を唯一のエネルギー源としている．

2．脂　質

脂質は食物中の糖質，脂質，たんぱく質から合成される．したがって，脂肪を摂ら

表2-6-1　エネルギーの食事摂取基準：推定エネルギー必要量（kcal/日）.

性別	男性			女性		
身体活動レベル[1]	Ⅰ	Ⅱ	Ⅲ	Ⅰ	Ⅱ	Ⅲ
0～5（月）	—	550	—	—	500	—
6～8（月）	—	650	—	—	600	—
9～11（月）	—	700	—	—	650	—
1～2（歳）	—	950	—	—	900	—
3～5（歳）	—	1,300	—	—	1,250	—
6～7（歳）	1,350	1,550	1,750	1,250	1,450	1,650
8～9（歳）	1,600	1,850	2,100	1,500	1,700	1,900
10～11（歳）	1,950	2,250	2,500	1,850	2,100	2,350
12～14（歳）	2,300	2,600	2,900	2,150	2,400	2,700
15～17（歳）	2,500	2,800	3,150	2,050	2,300	2,550
18～29（歳）	2,300	2,650	3,050	1,700	2,000	2,300
30～49（歳）	2,300	2,700	3,050	1,750	2,050	2,350
50～64（歳）	2,200	2,600	2,950	1,650	1,950	2,250
65～74（歳）	2,050	2,400	2,750	1,550	1,850	2,100
75以上（歳）[2]	1,800	2,100	—	1,400	1,650	—
妊婦（付加量）[3] 初期				+50	+50	+50
中期				+250	+250	+250
末期				+450	+450	+450
授乳婦（付加量）				+350	+350	+350

[1] 身体活動レベルは，低い，ふつう，高いの3つのレベルとして，それぞれⅠ，Ⅱ，Ⅲで示した．

[2] レベルⅡは自立している者，レベルⅠは自宅にいてほとんど外出しない者に相当する．レベルⅠは高齢者施設で自立に近い状態で過ごしている者にも適用できる値である．

[3] 妊婦個々の体格や妊娠中の体重増加量および胎児の発育状況の評価を行うことが必要である．

注1：活用に当たっては，食事摂取状況のアセスメント，体重およびBMIの把握を行い，エネルギーの過不足は，体重の変化またはBMIを用いて評価すること．

注2：身体活動レベルⅠの場合，少ないエネルギー消費量に見合った少ないエネルギー摂取量を維持することになるため，健康の保持・増進の観点からは，身体活動量を増加させる必要がある．

（厚生労働省：「日本人の食事摂取基準（2020年版）」策定検討会報告書）

ないからといっても，ほとんどが糖質であるご飯や菓子を多く食べていれば，余分のエネルギーは脂質に合成されて体内に脂肪組織として蓄えられてしまう．また，筋量を増大させようとして，たんぱく質を多量に摂っても必要以上の分は脂質に転換され貯蔵されてしまう．また，脂質は水に溶けない脂溶性ビタミン（ビタミンA・D・E・K）の吸収を促進するなどの重要な役割も担っている．脂質のもつエネルギー量は1gあたり9kcalであって，糖質やたんぱく質より2倍以上のエネルギーをもつ．しかし，脂質は脂肪組織に貯蔵されているが，脂肪組織は全部が脂質ではなく，細胞膜などの実質部分を包含している．したがって，脂肪組織に占める脂質の割合は85％ほどと

されており，脂肪組織1gの持つエネルギー量は，

$$9\text{kcal/g} \times 0.85 = 7.7\text{kcal/g}$$

となる．

3．たんぱく質

たんぱく質は糖質や脂質と異なり，体内では完全に分解されない．たんぱく質の重要な成分である窒素は尿，糞便，皮膚，毛髪などから失われる．また，体内ではたんぱく質は動的平衡を保ち，体を構成する筋などの組織では分解と合成が同時に行われている．たんぱく質が発生できるエネルギー量は1gあたり4kcalである．なお，たんぱく質を構成するアミノ酸がエネルギーとして利用されるのは，絶食や飢餓状態などで糖質の摂取が減少した時や長時間運動をする時などに限られる．

4．食物繊維，水

食物繊維は，人の消化酵素で消化されない食物中の難消化成分で，排便促進作用，耐糖能改善作用など体の働きの調整と代謝の円滑化に重要な役割を果たしている．なお，糖質と食物繊維の総称が炭水化物ではあるが，食物繊維は消化されずエネルギーにはならない．

水は体を構成したり，栄養素や老廃物の運搬などに欠かすことのできない役割を果たしている．水は代謝を行ううえで不可欠であるが，水自体は体内でエネルギーに転換されることはないので，水を飲んだからといって脂肪がつくということはない．また，サウナで大量の発汗をしたからといって，脂肪の減少はないに等しい．ただし，運動中の発汗は，体温の上昇に伴い運動能力を減少させるため，発汗量と同等の水分補給をこまめに行う必要がある．また，近年では猛暑のため熱中症を発症する件数が多くなっていることもあり，食事バランスガイドでも水分摂取の重要性を示している．

2　運動のエネルギー源

前述したように，運動時での筋収縮の主なエネルギー源となるのは糖質と脂質である．これらがどのような割合で用いられるかについては，呼吸商から求める方法が用いられている．呼吸商は単位時間内で呼出された二酸化炭素排出量と摂取された酸素量との比率である（2章［4］参照）．この呼吸商は図2-6-1に示したように，運動強度の増加にともない増大する傾向にある．安静時からジョギングなどの中強度の運動までの呼吸商は0.85ほどで一定であり，糖質と脂質が半々に燃焼されていることを示している．その後，呼吸商は増加し最大運動時では1.0に達し，そこでの燃料は糖質が100％であることを示す．近年注目を浴びている減量のための運動について，体脂肪を効率よく燃焼させるためには中程度の運動強度がよい，といわれる背景はここにある．さらに，体脂肪の燃焼では運動の時間も重要な要因となる．図2-6-1に示したように，例えば1時間以上続く中程度の運動では，運動開始から20分以上続けることが重要である．

つぎにウォーキングを1時間した際に用いられる脂肪組織の量を試算してみよう．その前提として，1分あたりの酸素消費量は1L，二酸化炭素の排出量は0.85Lで，呼吸商は0.85とする．呼吸商が0.85であるから酸素1Lの燃焼は4.86kcalとなり，糖質と

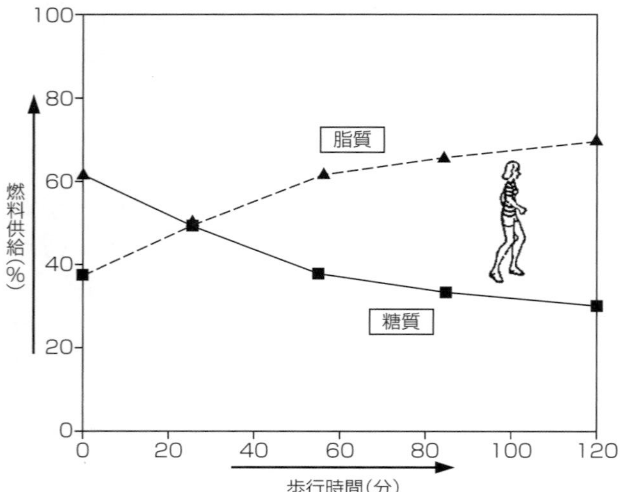

図2-6-1　長時間運動における脂質と糖質の貢献度の変化.

(Fox : Sports physiology, Sanders College, 1979)

脂質の燃焼比率は半々である（47頁，図2-4-12参照）.

1時間のウォーキングでの総酸素消費量：1L/分×60分＝60L

1時間の総エネルギー消費量：4.86kcal/L×60L＝291.6kcal

脂質由来のエネルギー量はこの半分であること，脂肪組織のエネルギーは7.7kcal/gであることから，

1時間での燃焼された脂肪組織量：(291.6kcal÷2)÷7.7kcal/g＝18.9g

となる．なお，糖質の減少は36.5gとなる．ただし，実際には，運動を長く続けると脂質の利用割合は増加していくため，脂肪組織の減少量はもう少し多くなるのであろう．

3　運動とグリコーゲンの貯蔵

一般に競技スポーツでの運動強度は中程度以上である．図2-4-12（47頁）に示したように，運動強度が中程度以上となればエネルギー源としての糖質の利用割合が増大するため，スポーツ選手にとって糖質，すなわちグリコーゲンをいかに貯蔵するかは成績に大きな影響を与える可能性がある．

図2-6-2に示したのは，運動の前に摂った食事内容が運動時間にどのように影響するかを調べた古典的な研究結果である．運動強度が60～70% $\dot{V}O_2max$での自転車エルゴメータ運動である．糖質を多くした高糖食を摂った時は，脂質の多い高脂質食を摂った時に比べて疲労困憊に達する時間が3倍も長いのである．その後の研究で，運動の前に高糖食を摂っておくと筋中のグリコーゲン量が増加することが分かった．さらに研究が進み，図2-6-3に示したように高糖食と運動とを組み合わせることにより，貯蔵量をより増加させられることが分かった．すなわち，ふつうの食事を摂っていると筋中のグリコーゲン量は筋100gあたり1.5gほどである．そこで，②のように高糖食を摂らせてみると2日目には2.5gにまで増加する．しかし，①のように疲労困憊までの運動をさせ，筋中のグリコーゲンを枯渇させておくと2日目には3gを超える貯

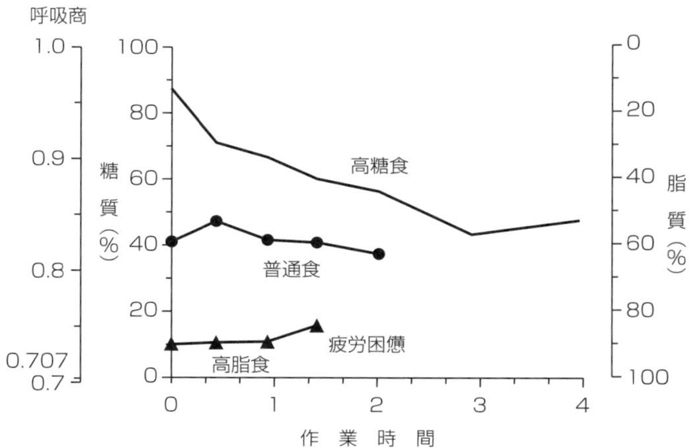

図2-6-2　長時間作業（自転車エルゴメータ1080kpm/min，60～70% $\dot{V}O_2max$）中の非たんぱく呼吸商と食事の影響．
（Christensen & Hansen : Arbeitsfähigkeit und Ehrnährung. Skand. Arch. Physiol. 81 : 160, 1939）

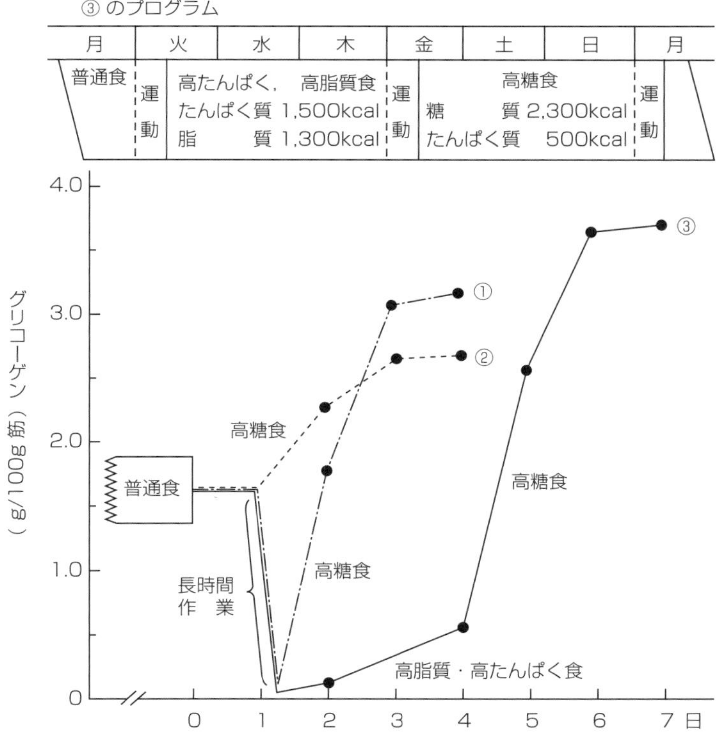

図2-6-3　3種類の食事と運動の組み合わせ方（①～③）による筋グリコーゲン量の違い．
（Saltin & Hermansen: Glycogen stores and prolonged severe exercise, Blix編：Nutrition and physical activity, Almqvist and Wiksell, 1967）

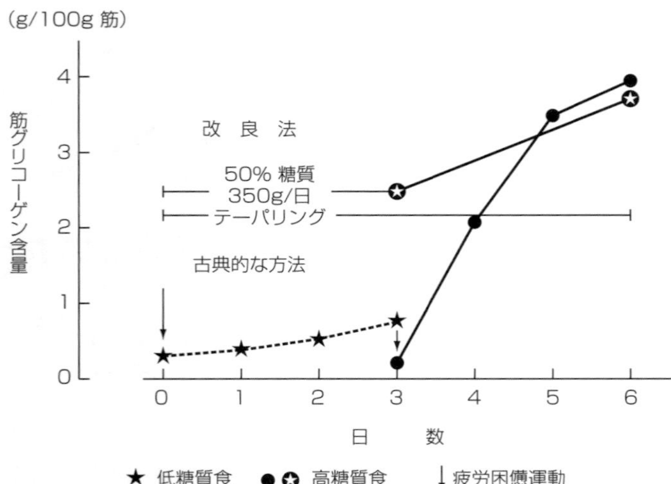

図2-6-4 古典的炭水化物ローディング法と改良法による筋グリコーゲン含量の増加状況の比較.

(Sherman: Carbohydrates, muscle glycogen, and muscle glycogen supercompensation. Williams編：Ergogenic aids in sport, Human Kinetics, 1983)

蔵量となる．さらに効果が大きかったのは，③のように疲労困憊後の2～3日間，食事を高たんぱく・高脂質食を摂取させ，さらにその後は高糖食を摂ることである．それによれば筋中のグリコーゲン量は3.5gを超える．以上はグリコーゲン負荷(glycogen loading）と呼ばれ，食事によって持久性の高い筋を作る方法としてスポーツ界では広まっている．

しかし，図2-6-3の方法はグリコーゲン負荷としては古典的な方法と考えられている．その問題点として，低糖食（すなわち高たんぱく・高脂質食）の期間中に低血糖になりやすく，やる気がなくなる．低糖食から高糖食への切替で下痢や腹痛を起こしやすい．1週間の食事コントロールを長く感ずる，といったことが指摘されている．図2-6-4に示したのはその改良法である．それによると運動負荷はテーパリング法，つまり運動強度は70～75% $\dot{V}O_2max$のままで，運動時間を徐々に短縮していく方法である．すなわち，運動時間は1日目は90分，2～3日目は40分，4～5日目は20分と減らし，試合前日である6日目は安静をとる．食事は，古典的な方法での前半部分の低糖食に変わり，糖質を50%とする混合食とする．そして，後半部分を高糖食とする．この改良法でも，古典的な方法と同様の筋グリコーゲン含量となる．

グリコーゲン負荷をするにあたっての注意点がある．運動の強度が60% $\dot{V}O_2max$以上でなければ効果はないのである．通常，ジョギング程度での運動での効果は期待できない．また，グリコーゲンは分子構造上，水を含むので水分の貯留による弊害を生ずることがある．

2章　運動とスポーツの背景

[7] 人体の大きさ

体力を話題にする際，しばしば注目されるのが体の大きさや体つきである．にもかかわらず，体力の分類においても比較的見過ごされがちであるのが形態である．機能のようには運動能力に直結しないので，二次的な体力と受け取られがちである．しかし，形態は機能を十分に発揮するうえで，基盤として極めて重要な役割を果たしている．静的な側面では身長や体重の大小，体肢の長短や相対的比率，体脂肪や筋量の多少などが問題になる．また，バイオメカニクスの視点では，動的場面での姿勢や体勢が重要な課題となっている．

1 体　重

ほとんどの運動では，体重はそれ自体が負荷であると同時にエネルギーの源の大きさである．本節③で述べるように身体組成研究の二分法の考え方からすれば，体重は脂肪と除脂肪体重から構成される．身体組成の視点で考えてみれば，多くの運動では脂肪はエネルギーの発生源としての意味を持たず，いわば鉛の重りである．これに対し除脂肪体重はエネルギーの発生源である．したがって，ほとんどのスポーツ選手では脂肪を減らし，除脂肪体重を増やすことが大切である．一方，スポーツ選手ではない一般人では体重は肥満との関連で捉えられている．そのための種々の体型指数が考案されているが，肥満の目安とするならば体重に占める脂肪の割合，すなわち体脂肪率を用いるのが良い．

1．スポーツ競技種目と体重

物理学では全ての量（quantity）を長さ（L），質量（M），時間（t）で表す．この物理学的ディメンションを生理学的に考察したうえで「長さ」を単一の尺度として生理学的ディメンションに置き換えることができる．表2-7-1は，量についてのディメ

表2-7-1　物理学と生理学におけるディメンション．
（Åstrand & Rodahl：Textbook of work physiology, McGraw Hill Book Company, 1986, 一部抜粋）

量	ディメンション	
	物理学	生理学
長さ	L	L
質量	M	L^3
時間	t	L
面積	L^2	L^2
体積	L^3	L^3
速度	Lt^{-1}	L^0
加速度	Lt^{-2}	L^{-1}
力	LMt^{-2}	L^2
エネルギー	L^2Mt^{-2}	L^3
パワー	L^2Mt^{-3}	L^2

ンションのまとめである.「長さ」を身長,「質量」を体重として考えてみると,体重は身長の3乗に比例する.機能についてみてみると,速度は身長とは無関係となる.すなわち,陸上競技でのトラック種目やマラソンの選手は身長が大きいからといって有利になるのでも不利になるものでもない.また,加速度は身長の逆数に比例する.例えば,様々な方向への加速度を頻繁に用いる器械体操では,身長が小さいほうが有利となり,体重は小さい程よいことになる.しかし,力,エネルギー,パワーは身長の2乗あるいは3乗に比例しており,相撲や投てき競技では身長の大きいほうが有利となり,さらには体重との関係が密接となる.ただし,柔道や重量挙げでは,形態上の不公平さをなくすために体重を基礎とする階級性が取られている.理論的な分析ばかりでなく実際に男女各種のスポーツ種目での身長と体重との関係をみてみると,ディメンション分析で明らかになったような傾向がみられる.

2. 標準体重

体重から簡便に肥満度を算出する基準として用いられるのが標準体重である.得られた肥満度より±10%以内を正常,+20%以上を肥満と評価する.なお−10%以下が痩せである.このように長い間肥満判定に用いられてきた標準体重であるが,いまでは,その役割は終わったようだ.標準体重を設定する際の考え方には少なくとも2通りある.ひとつは,罹病率などの疫学的調査結果を目安とする方法である.その際には,理想体重,あるいは望ましい体重と称される.もうひとつは,統計処理をして,ある身長を代表する体重を標準体重とする方法である.表2-7-2にまとめたのは日本人についての標準体重表の抜粋である.厚生省(現,厚生労働省)以外にいくつかの標準体重表が報告されているが,成立過程からみて,いずれもある年代に限定される性格のものである.どの標準体重表も年代を超越する普遍性を持つとは考えられない.

これ以外には,表としてまとめられないが標準体重を示す考えがある.そのひとつは,体脂肪率が望ましい状態にあれば(年齢にかかわらず男子で10〜15%,女子で

表2-7-2 20〜29歳の日本人の標準体重(kg).

身長(cm)	男	女	身長(cm)	男	女	身長(cm)	男	女
130	39.1	38.2	150	49.5	47.6	170	62.6	59.3
132	40.0	39.0	152	50.6	48.7	172	64.0	60.7
134	41.0	39.9	154	51.8	49.7	174	65.6	62.0
136	41.9	40.8	156	53.1	50.9	176	67.1	63.4
138	42.9	41.7	158	54.3	52.0	178	68.7	64.8
140	44.0	42.6	160	55.6	53.1	180	70.4	66.3
142	45.0	43.6	162	56.9	54.3	182	72.0	67.7
144	46.1	44.6	164	58.3	55.5	184	73.8	69.2
146	47.2	45.6	166	59.7	56.8	186	75.5	70.8
148	48.3	46.6	168	61.1	58.0	188	77.3	72.4
						190	79.1	74.0

(厚生省保健医療局健康増進栄養課編:肥満とやせの判定表・図,第一出版 1986)

20～25%）身長や体重に関わらず，その体重が望ましい体重である，という提案である．減量をする際には，標準体重よりもこの考え方に基づいた方が良い．また，罹病率の最も低いBMI（body mass index）の22である体重を標準体重とする，という考え方もある．

2 体型，体型指数

体型分類の歴史は古く，昔は保健学的観点や心理学的観点から分類がなされていた．ヒポクラテスは短く太い体型を卒中体質，長く細い体型を結核体質と呼んだ．クレッチマーは性格との関連から体型を肥満型，闘士型，痩身型に分類した．その後，20世紀半ばにシェルドンは体型を3つの要素の組み合わせから分類できると考えた．3つの要素とは内胚葉性要素（内胚葉性型といわれることが多いが，型では原文の意を誤る．以下同様），中胚葉性要素，外胚葉性要素，である．各要素について，発達の程度がもっとも劣る状態を1，もっとも勝る状態を7とする段階評価とし，この評価の組み合わせにより体型を表した．したがって，444はもっとも中庸な体型を示すことになる．現在，体力科学分野にて目にする分類方法は，シェルドンの考えを踏襲するヒースとカーターの分類である．この方法では，内胚葉性要素（体全体が柔らかく丸い）を1/2から16に，中胚葉性要素（筋，骨が発達し全体が角張っている）を1/2から12に，外胚葉性要素（筋が発達せず，直線的で弱々しい）を1/2から19に評価する．しかし，一般的には1/2から7までの評価で，7以上は極端な高値を示す．図2-7-1に示

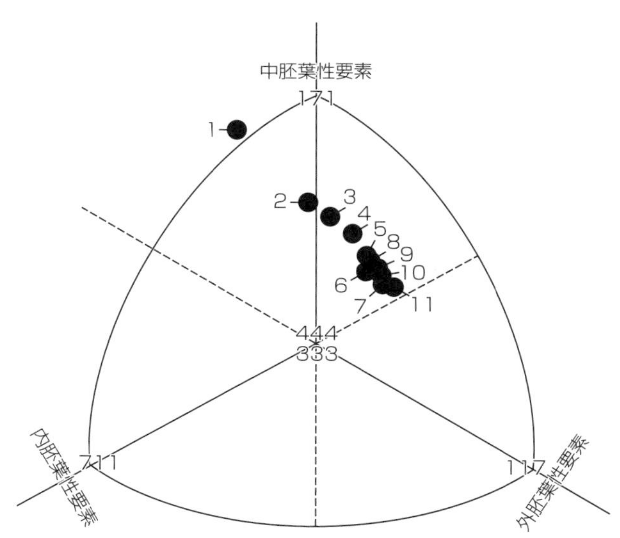

1. 砲丸・ハンマー投げ　2. 槍投げ　3. 10種競技　4. 100，200mと110mハードル　5. 棒高跳び　6. 跳躍　7. 800，1500m　8. 競歩　9. 400mと400mハードル　10. マラソン　11. 3000，5000，10000m

図2-7-1　男子陸上競技選手の体型．

（Carter & Heath：Somatotyping-development and applications, Cambridge University Press, 1990）

したのは男子陸上選手の体型分類である．

一方，体型を簡便に，客観的に，かつ総合的に表そうとの意図のもとに考案されてきたのが体型指数である（3章［1］②参照）．体型指数は身長，体重，胸囲，座高などを組み合わせて作られているが，身長と体重の組み合わせでは，比体重，カウプ指数，ローレル指数などがある．しかしカウプ指数のように，BMIと改称されて肥満評価のための栄養指数として用いられているものも少なくない．なお，体型指数を体格指数と称するのは，体格の定義から考えてみると，誤用であろう．

3 身体組成

身体組成（body composition）とは，ヒトがどのような組織や器官，あるいは分子や元素により構成されているか，ということであって，その研究目的は構成要素を定量したり，相対的比率を求めたりすることである．一般には体重を脂肪とその他の組織（筋，骨，脳・神経，内臓の総和で除脂肪体重という）とに分ける二分法が用いられている．体重に占める脂肪量の割合は体脂肪率（% fat）と称され，スポーツによる身体の鍛練度や肥満の判定に広く用いられている．また，除脂肪体重は（lean body mass：LBM）は，その約50%が筋量に当たることから，筋量の良い目安と考えられている．

1．加齢と性差

身体組成では思春期までの性差は顕著でない．しかし，思春期からは性差は顕著になる．女子は脂肪がつきふっくらとした体つきになり，男子は筋の発達によりがっちりとした体つきになる．図2-7-2に示したのは密度法（3章参照）により求めた平均的な日本人の性差と，加齢による身体組成の変化の様相である．これより思春期前の男女に体重と身体組成にはほとんど差がないことが分かる．そして，思春期を経て20歳代への変化は除脂肪体重に顕著に現れる．男子では除脂肪体重が急増し，体重も増える．しかし，脂肪量の絶対量には50歳代までは明確な性差はないので，思春期以降は男子の体脂肪率は女子よりも小さくなる．

20歳以降は，男子は除脂肪体重の減少とともに体重も漸減していく．日本人男性の除脂肪体重の減少率は10年あたりで3.7%である．女子は20歳代以降の除脂肪体重の減少は40歳代までなく，50歳代になって減少する．測定方法は同じではないが，アメリカ人の結果をまとめたフォーブス（Forbes, 1987）によれば除脂肪体重の10年あたりの減少率は男子が3%，女子が2%とのことである．また脂肪量は，思春期前から男子は30歳代まで増加するが，それ以降はほぼ一定である．女子は，加齢とともに増加を続ける．脂肪量の10年あたりの平均増加率は男子で50歳代までは6.2%，女子では70歳代まで16.1%である．体脂肪率も脂肪量と同様な傾向を示すが，男子では思春期前から20歳代にかけては減少するのが特徴的である．

ところで身体組成研究では，肥満基準を体脂肪率にして男子では20%，女子では30%としている（本項の3. 参照）．図2-7-2に示した結果から，平均的な日本人は男子で50歳代，女性で60歳代にて肥満基準に達することになる．こうした加齢による変化は日本人と欧米人とは同じではない．図2-7-3には，図2-7-2と同じ年代で，測

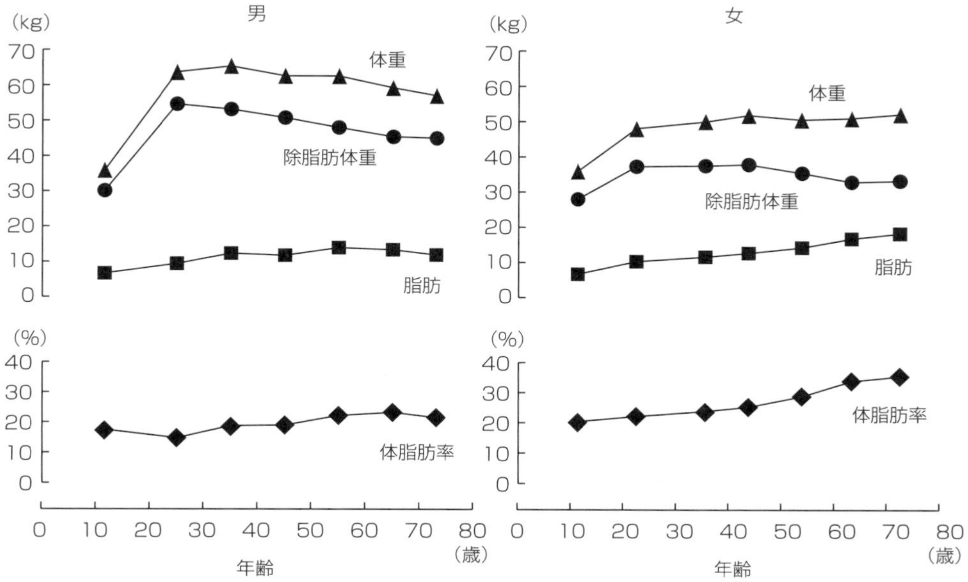

図2-7-2　加齢に伴う体重と身体組成の変化.

(Kitagawaら：Body composition of Japanese from the prepubescent to the aged, Noseら編：Perspectives in exercise science and sports science series. Cooper Publishing Group, LLC, 1998)

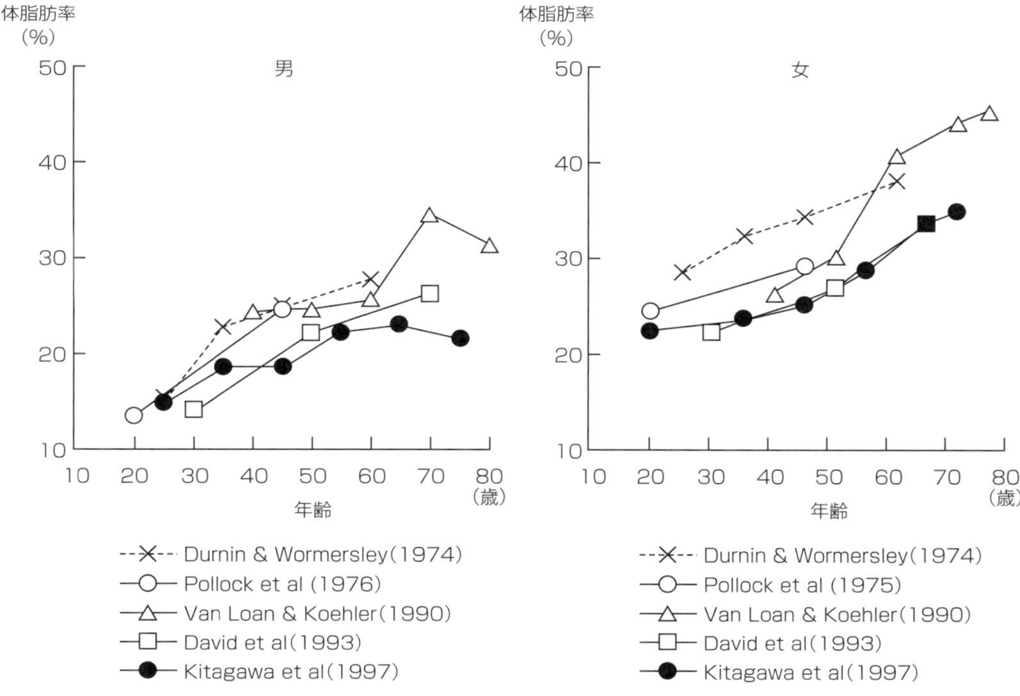

図2-7-3　体脂肪率の国際比較.

(Kitagawaら：Body composition of Japanese from the prepubescent to the aged, Noseら編：Perspectives in exercise science and sports science series. Cooper Publishing Group, LLC, 1998)

定方法も同じ密度法にて明らかにされた欧米人の性および加齢による体脂肪率の違いを示した．全体的にみて，男女とも加齢とともに体脂肪率は増加していく．男子では20歳代では日本人も欧米人も差はないが，欧米人では年とともに急増する傾向がみられる．したがって，欧米人男子では，肥満基準の20%に達するのは30～40歳代にかけてである．日本人よりも早く肥満基準に達している．女子でも同じような傾向があり，欧米人は日本人よりも若い年代で肥満基準に達する傾向がある．

2．スポーツ選手の身体組成

スポーツ選手に適した身体組成をどのように考えるかは簡単ではない．つまり，スポーツでは成績の優れた選手がすべてであり，身体組成といった形態的特徴だけから競技成績についての結論が出せるものではないからだ．本来，ある競技種目に長期間にわたって専念した結果，その種目に適した身体組成を持つ，と考えるのが生物の適応能からみて理にかなっている．とはいえ，「専念の仕方」は個人個人が千差万別で同じということはない．この点については機能も同様であるが，まだ機能のほうが競技能力に直結する分，形態よりは分かりやすい．ある競技種目で，理論的に望ましい身体組成を持つ選手があったとしても，素晴らしい競技成績が得られないことになれば，結果として身体組成が望ましい状態であったかどうかは不明のままに終わる．

ここで用いる資料は，身体組成の測定，評価法のほとんどは密度法によるが，わずかながら水分法，カリウム法によるものも含まれている（3章［1］①参照）．また，表2-7-3-A，Bに示したのは各資料に示された平均値であって個人値は含まれていない．なお体重階級性スポーツ種目については，望ましいことの意味合いが他の種目と異なる可能性がある．また同じ種目であってもポジションによって望ましい形態や身体組成が異なることがある．そのような種目については一部だけを掲載した．

（1）体脂肪率

表2-7-3-AとBは世界のスポーツ選手の身体組成のまとめである．これらより体脂肪率の特徴をまとめると次のようになる．比較の基準を日本人の一般青年におくと，男子について一般人が13.0%であるので器械体操，オリエンテーリングと投てきを除く陸上種目，ノルディックスキー，ボディビルでの体脂肪率が低い．これに対し水泳の海峡泳者が際立って高く，男子の肥満基準である20%をも上回っている．しかし，それ以外の種目はおおむね日本人の一般人と同様である．女子では一般人が22.3%であることから，顕著に低い体脂肪率を示すのが器械体操，投てきをのぞく陸上種目，競泳，シンクロ（現・アーティスティックスイミング），トライアスロン，ボディビルである．しかし，男子とは異なり一般人を大きく超えるような種目はない．

ところで男子の海峡泳者の体脂肪率が肥満基準を超えていることは，スポーツ選手のイメージとは異なる印象を与えるかもしれない．かつて筆者が測定した，現在でも世界的に著名な女子海峡泳者のリーン・コックス（Lynne Cox）は23歳時の体脂肪率が35.5%で，女子の肥満基準を上回るものであった．身体が長時間にわたって水中にあることを考えれば，浮力や耐寒性の点で海峡泳者にとっては高い体脂肪率が望ましい身体組成である．ちなみに彼女の身長1mあたりの脂肪量と除脂肪体重は20.2kg/m，36.9kg/mであった．

表2-7-3-A　競技種目別身体組成一覧（男子）.

競技種目	身長(cm)	体重(kg)	%F(%)	F(kg)	L(kg)	F/身長	L/身長	出典
①野球	183.1	88.0	12.6	11.1	76.9	6.1	42.0	2)
	178.7	81.7	15.6	12.7	69.0	7.1	38.6	3)
	182.7	83.3	14.2	11.8	71.5	6.5	39.1	4)
①バレーボール	185.3	78.3	9.8	7.7	70.6	4.1	38.1	2)
	185.1	75.4	11.6	8.7	66.7	4.7	36.0	3)
	180.4	68.6	9.9	6.8	61.8	3.8	34.3	4)
①バスケットボール	194.3	87.5	10.5	9.2	78.3	4.7	40.3	2)
	200.6	96.9	9.0	8.7	88.2	4.3	44.0	4)
①サッカー	176.8	72.4	9.5	6.9	65.5	3.9	37.1	2)
	174.3	69.3	11.5	8.0	61.3	4.6	35.2	3)
	169.0	63.9	8.9	5.7	58.2	3.4	34.4	1)
①ラグビー	182.2	82.6	8.7	7.2	75.4	3.9	41.4	1)
	180.2	84.0	16.9	14.2	69.8	7.9	38.7	3)
①アメリカンフットボール	188.1	101.5	13.4	13.6	87.9	7.2	46.7	5)
①ハンドボール	168.8	64.7	8.1	5.2	59.5	3.1	35.2	1)
②バドミントン	180.0	71.2	12.8	9.1	62.1	5.1	34.5	2)
②テニス	179.1	73.8	11.3	8.3	65.5	4.7	36.5	2)
	171.1	63.1	9.7	6.1	57.0	3.6	33.3	1)
	179.6	77.1	16.3	12.6	64.5	7.0	35.9	4)
③器械体操	168.7	65.8	6.5	4.3	61.5	2.5	36.5	2)
	168.7	58.2	5.5	3.2	55.0	1.9	32.6	1)
	170.5	64.8	4.2	2.7	62.1	1.6	36.4	6)
	178.5	69.2	4.6	3.2	66.0	1.8	37.0	4)
④競泳	178.3	71.0	8.8	6.2	64.8	3.5	36.3	2)
	175.2	69.6	11.7	8.1	61.5	4.6	35.1	3)
	175.9	69.8	12.5	8.7	61.1	5.0	34.7	4)
	182.2	79.1	8.5	6.7	72.4	3.7	39.7	6)
	182.9	78.9	5.0	3.9	75.0	2.2	41.0	4)
⑤海峡泳者	173.8	87.5	22.4	19.6	67.9	11.3	39.1	2)
	184.3	93.1	26.4	24.6	68.5	13.3	37.2	7)
⑥陸上中長距離	177.0	63.1	4.7	3.0	60.1	1.7	34.0	2)
	170.0	57.7	9.9	5.7	52.0	3.4	30.6	3)
	169.4	55.2	7.2	4.0	51.2	2.3	30.2	1)
	177.3	64.5	6.3	4.1	60.4	2.3	34.1	6)
	177.0	66.2	8.4	5.6	60.6	3.1	34.3	4)
⑥マラソン	176.8	62.1	4.3	2.7	59.4	1.5	33.6	5)
⑥オリエンテーリング	176.2	64.7	10.7	6.9	57.8	3.9	32.8	2)
⑥競歩	178.4	66.1	7.3	4.8	61.3	2.7	34.3	2)
⑦陸上短距離	179.9	66.8	8.3	5.5	61.3	3.1	34.0	2)
	176.0	67.4	7.5	5.1	62.3	2.9	35.4	1)
	173.6	65.3	7.1	4.6	60.7	2.7	35.0	*
⑧跳躍	181.7	69.2	8.5	5.9	63.3	3.2	34.8	2)
	182.1	68.5	8.0	5.5	63.0	3.0	34.6	1)
⑨投擲	177.2	78.9	12.4	9.8	69.1	5.5	39.0	1)
	190.8	110.5	16.3	18.0	92.5	9.4	48.5	4)
⑩自転車	176.4	68.5	10.5	7.2	61.3	4.1	34.8	2)
	172.7	75.3	15.6	11.7	63.6	6.8	36.8	3)
⑪トライアスロン	176.4	73.3	12.5	9.2	64.1	5.2	36.4	2)
⑫スピードスケート	178.0	73.3	7.4	5.4	67.9	3.0	38.1	2)
	168.1	63.9	10.6	6.8	57.1	4.0	34.0	3)
	181.0	76.5	11.4	8.7	67.8	4.8	37.4	4)
⑬ノルディックスキー	179.0	71.8	7.2	5.2	66.6	2.9	37.2	2)
	176.6	74.8	7.5	5.6	69.2	3.2	39.2	6)
	176.2	73.2	7.9	5.8	67.4	3.3	38.3	4)
⑭アルペンスキー	174.7	73.3	12.3	9.0	64.3	5.2	36.8	3)
	173.2	70.2	9.2	6.5	63.7	3.7	36.8	8)
	176.0	70.1	14.1	9.9	60.2	5.6	34.2	4)
	177.8	75.5	10.2	7.7	67.8	4.3	38.1	4)
⑮ボディビル	177.1	82.4	9.3	7.7	74.7	4.3	42.2	2)
	178.8	88.1	8.3	7.3	80.8	4.1	45.2	4)
⑯パワーリフト	173.5	80.8	9.1	7.4	73.4	4.2	42.3	2)
	176.1	92.0	15.6	14.4	77.6	8.1	44.1	4)
⑯重量挙げ	166.3	76.5	9.9	7.6	68.9	4.6	41.4	6)
⑰ボート	183.4	77.0	10.0	7.7	69.3	4.2	37.8	1)
★一般人	170.2	61.1	13.0	7.9	53.2	4.7	31.2	9)

表2-7-3-B　競技種目別身体組成一覧（女子）.

競技種目	身長(cm)	体重(kg)	%F(%)	F(kg)	L(kg)	F/身長	L/身長	出典
①ソフトボール	167.1	59.6	19.1	11.4	48.2	6.8	28.9	2)
①バスケットボール	176.5	66.8	19.2	12.8	54.0	7.3	30.6	2)
	168.9	61.9	19.8	12.3	49.6	7.3	29.4	3)
	169.1	62.6	20.8	13.0	49.6	7.7	29.3	4)
①ホッケー	159.8	58.1	21.3	12.4	45.7	7.7	28.6	2)
①バレーボール	178.3	70.5	17.9	12.6	57.9	7.1	32.5	2)
	172.2	64.1	21.3	13.7	50.4	7.9	29.3	4)
①サッカー	164.9	61.2	22.0	13.5	47.7	8.2	28.9	2)
	160.3	58.0	25.2	14.6	43.4	9.1	27.1	3)
①ハンドボール	163.6	63.8	23.9	15.2	48.6	9.3	29.7	1)
②バドミントン	167.7	61.5	21.0	12.9	48.6	7.7	29.0	2)
②テニス	164.7	59.6	22.4	13.4	46.2	8.1	28.1	2)
	160.7	53.1	18.8	10.0	43.1	6.2	26.8	1)
	163.3	55.7	20.3	11.3	44.4	6.9	27.2	4)
③器械体操	160.6	53.7	15.3	8.2	45.5	5.1	28.3	2)
	157.0	48.7	12.3	6.0	42.7	3.8	27.2	1)
	158.5	51.5	15.5	8.0	43.5	5.0	27.5	4)
④競泳	164.5	53.3	17.2	9.2	44.1	5.6	26.8	2)
	168.8	57.9	15.6	9.0	48.9	5.4	29.0	2)
	169.6	56.0	16.1	9.0	51.0	5.3	30.0	2)
	164.2	54.6	15.3	8.4	46.2	5.1	28.2	3)
	163.8	55.6	19.3	10.7	44.9	6.6	27.4	1)
	168.0	63.8	26.3	16.8	47.0	10.0	28.0	4)
④シンクロ	162.5	53.4	17.2	9.2	44.2	5.7	27.2	10)
⑤陸上中長距離	161.0	47.2	14.3	6.7	40.5	4.2	25.1	2)
	169.4	57.2	15.2	9.1	48.1	5.4	28.4	5)
	160.0	48.7	15.4	7.5	40.4	4.7	25.3	3)
	159.3	52.7	19.5	10.3	42.4	6.5	26.6	1)
⑤競歩	163.4	51.7	18.1	9.4	42.3	5.7	25.9	2)
⑥陸上短距離	166.5	54.0	10.9	5.9	48.5	3.5	29.2	2)
	158.8	51.2	16.2	8.3	42.9	5.2	27.0	1)
	164.9	56.7	19.3	10.9	45.8	6.6	27.7	4)
	161.4	52.4	13.1	6.9	45.5	4.3	28.2	*
⑦跳躍	173.6	57.1	12.9	7.4	49.7	4.2	28.6	2)
	161.8	51.4	13.7	7.0	44.4	4.4	27.4	1)
⑧投擲	163.0	62.7	21.9	13.7	49.0	8.4	30.0	1)
	168.1	71.0	25.0	17.8	53.3	10.6	31.7	4)
⑨トライアスロン	162.1	55.2	16.5	9.1	46.1	5.6	28.4	2)
⑩スピードスケート	165.0	61.2	16.5	10.1	55.0	6.1	33.3	2)
	159.7	59.0	20.7	12.2	46.8	7.6	29.3	3)
⑪ノルディックスキー	164.5	56.9	16.1	9.2	47.7	5.6	29.0	2)
	163.0	59.1	21.8	12.9	46.2	7.9	28.4	4)
⑫アルペンスキー	162.3	60.0	22.8	13.7	46.3	8.4	28.5	3)
	165.1	58.8	20.6	12.1	46.7	7.3	28.3	4)
⑬ボディビル	165.2	56.5	13.5	7.6	48.9	4.6	29.6	2)
	160.8	53.8	13.2	7.1	46.6	4.4	29.0	5)
⑭パワーリフト	164.6	68.6	21.5	14.7	53.6	9.0	32.7	2)
⑮ボート	158.7	60.8	21.1	12.8	48.0	8.1	30.2	1)
★一般人	156.8	51.6	22.3	11.5	40.1	7.3	25.6	9)

%F：体脂肪率　F：脂肪量　L：除脂肪体重
競技種目につけた番号と記号は図45中の番号と記号に対応する.
表中の「出典」にある引用は下記の（　　）に示した引用文献を参照
*：北川未公表資料
（北川：競技者の望ましい身体組成とその評価法，臨床スポーツ医学　23：341，2006）

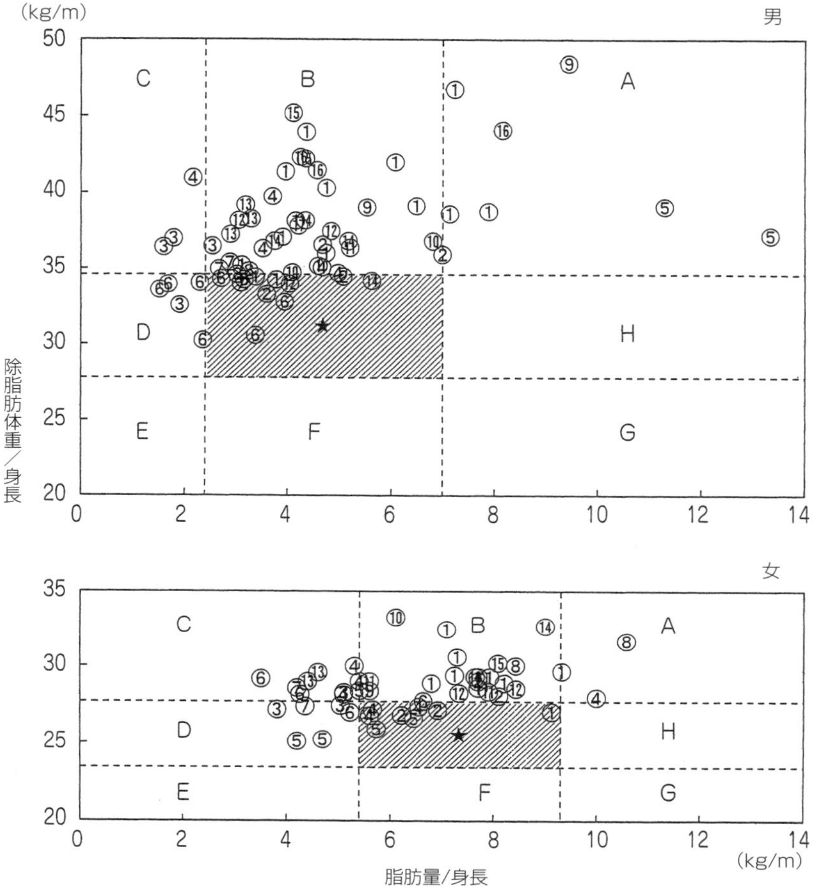

図2-7-4　競技種目別にみた身長1m当たりの脂肪量と除脂肪体重との関係（図中の番号と★印は表2-7-3-A，Bを，斜線領域については本文参照）.

（北川：競技者の望ましい身体組成とその評価法，臨床スポーツ医学　23：341，2006）

(2) 脂肪量と除脂肪体重

図2-7-4に示したのは身長1mあたりの脂肪量と除脂肪体重との関係である．体重などの量は身長が大きくなると大きくなる傾向にある．そこで，身長の影響をできるだけ小さくするために，身長1mあたりの量で示した．図中の★は一般人の平均値を，斜線領域は日本人の一般青年の平均値±1標準偏差を示しており，この範囲にあれば一般人相当の脂肪量と除脂肪体重であることを意味している．

男女を比較してみると，男子は脂肪量が女子よりも少なく，除脂肪体重が多い傾向にある．また，男女共通した傾向として，少なくとも除脂肪体重は一般人と同等以上であるが，脂肪量には大きな差異が見られることである．

スポーツ選手に対しては「体脂肪量が少なく筋量が多い」というのが一般的イメージとしてある．図2-7-4ではC領域に当たる（ただし，筋量に代わり除脂肪体重が用いられているが）．しかし，図2-7-4で見る限り男子選手ではそのイメージに合致する種目はほとんどない．器械体操と競泳の一部がそれに当たるだけである．女子ではボディビルの全てと器械体操，競泳，陸上短距離，跳躍の一部が相当するだけである．むしろ，スポーツ選手の一般的イメージとは少し異なるB領域，すなわち体脂肪量が一般人なみで筋量が多い選手が男女ともに圧倒的に多い．さらにはA領域，すなわち筋量は一般人よりも多いが体脂肪量も一般人より多い選手も多くみられる．このA領域には，男子では海峡泳者の全て，球技，投てき，パワーリフトの一部がみられる．女子では球技，競泳，投てきの一部である．なかでも顕著なのは男子の海峡泳者であるが，種目特性からみて彼らの脂肪量の多さは特に問題とはならないばかりではなく，利点とすらなることに留意する必要がある．

3. 肥　満

(1) 肥満とは

肥満の定義として「体内，主として皮下及び大網に脂肪が過剰に貯蔵蓄積された状態」とある．しかし，長い間，肥満は過体重，と考え身長と体重とから算出される指数，例えばBMIや標準体重などを用いて肥満の判定をし，肥満者を抽出してきた経緯がある．こうした指数の利用は絶対に間違いではないが，筋の多い，いわゆるスポーツ選手と真の肥満者との区別がつかないという本質的な欠陥を持つ．肥満の定義を厳密に考えるならば，肥満の判定基準は身体組成研究で用いられる体脂肪率が理にかなっている．その基準は成人男子では20%であり，女子では30%である．一方，形態からの指数による判定基準としてはBMIでは25，標準体重からみた肥満度では+20%などが提示されている．

以上のような肥満判定基準とは別に，臨床的には脂肪の付着部位による肥満タイプの違い，すなわち腹部型肥満（上半身型肥満）と殿部大腿部型肥満（下半身型肥満）では疾患の発生率に違いがあることが注目されている．

(2) 体脂肪率からみた肥満基準

体脂肪率からみて肥満基準を男子が20%，女子が30%とする根拠はいくつか提示されている．ひとつは，太ることにより脂肪細胞は脂質を取り込み肥大するが，取り込みが飽和状態に達すると増殖を始める．その時点がこれらの体脂肪率にあたる，という指摘である．もうひとつは，身体組成研究が盛んなアメリカ人青年のたくさんのデータからの肥満基準である．アメリカ人青年は，平均的体脂肪率が男子で15%，女子で25%であり，その1標準偏差が5%であることから，平均的体脂肪率に5%を加えて男子が20%，女子が30%とする，という考えである．この基準については，医学的検査から妥当だとの報告が日本でなされており，男子については体力学視点からの妥当性が示されている．

なお，10歳代の基準として，男子は20%，女子は25%が提案されているが，その妥当性は十分に検証がなされていない．また，日本と異なり肥満者の多いアメリカでは男子を25%に，女子を35%にしようとの提案もなされている．

(3) 肥満者の体力

肥満者は動きが緩慢であるため，運動能力や体力は劣るもの，と一般には受け取られているようだ．肥満者の体力についての研究は，肥満状態を体型指数などで定性的に把握することによる研究報告はずいぶん昔から多数ある．その結果をまとめてみると，体重移動を必要とする体力の発揮では肥満者は非肥満者に劣り，体重移動を伴わない筋力発揮では差はないことになる．

しかし，こうした報告は運動をした際の成績のみを問題にした結果であって，肥満者の，いわば生物的機能単位の良否までをも検討しているわけではない．例えば筋力である．筋力には肥満の影響はない，とされているが，肥満者は非肥満者に比べ除脂肪体重は大きいのである．すなわち，肥満者は筋量は多いが筋力は非肥満者と同じ，ということになる．いい換えれば，単位筋量当たりの筋力が肥満者は非肥満者より劣ることになる．

こうした身体組成の観点から青年男子について検討した結果は次のようになる．

① **全身反応時間にみる素早さ**（2章［1］5．参照）

肥満者の反応は遅いがその原因は神経系機能にはなく，過剰な脂肪が物理的負荷として作用したことにある．

② **上下肢および体幹の筋力**

体重あたりの筋力は劣るので，鉄棒にぶら下がったり，体重を支えての走・歩行では肥満者は不利となる．

③ **階段かけ上りでの全身パワー**

パワーは力×速度と考えられる．肥満者の動く速度は遅いが大きな体重（力）が有利に働き，肥満者のパワーは非肥満者よりも優れている．

④ **最大酸素摂取量でみる全身持久力**

最大酸素摂取量では絶対値，および除脂肪体重あたりの相対値では肥満者と非肥満者に差はない．しかし，体重あたりの相対値では肥満者は劣る．

以上のような肥満者の体力の特徴は，非肥満者が重りを装着した状態での体力発揮に近似していることが確認されている．意外に思うかもしれないが，肥満者の体力は本質的には非肥満者に劣ることはない，と考えられる．肥満者は脂肪量を減らすことにより，非肥満者と同様な体力を発揮できるのである．

こうした指摘は肥満者に減量する励みとなろう．なお，高度の肥満者についてはこのような傾向にあるとは断定できず，今後の精緻な研究蓄積が必要である．

[8] ウエイトコントロール

体重の増減は摂取するエネルギー量と消費するエネルギー量との差により決まる．発育が完了した成人においては，発育期の食習慣などが影響して，摂取量が消費量を上回る傾向が一般的に見られる．その結果が肥満である．減量については，飽食の現代では健康との関連で話題となることが多いのであるが，スポーツ選手にとっては競技成績に与える無視できない要因としてウエイトコントロールは重要な課題である．

ウエイトコントロールすなわち体重調整において，根本的なことにもかかわらず忘れられがちなことは，何を目標において調整をするか，である．適正な体重なのか，健康な体脂肪率なのか，あるいは美的体型なのか．このように価値観の違いと同様に個人個人の目標は決して同じではない．目標を決めないウエイトコントロールでは確かな成果をあげることは難しい．ここでは，スポーツ選手と肥満者とについて増量，減量の基本をまとめる．

なお，減量の意味でダイエットが用いられることが少なくないが，もともとダイエットとは食事または食事療法のことであって，単に減量の意味で用いられるのは誤用である．誤用の最たるものとしては『運動ダイエット』といった使われ方がある．

1　目標とする体重

体重については，本章［7］に述べた標準体重（62頁，表2-7-2参照）が，目標とする体重としてよく用いられてきた．しかし，今では罹病率がもっとも低いBMIから算出する体重がよく用いられるようになった．どちらも身長と体重とのバランスを考えの基礎においている．これに対して，身長と体重の大小にかかわらず，健康的な体脂肪率である体重を目標とする考えがある．

例として，年齢が20歳で身長166cm，体重65kg，体脂肪率25％の男子を考えてみよう．

①　標準体重を基準とする場合

1986年発行の厚生省の標準体重表では，59.7kgが標準体重となっているので目的とする体重は59.7kgとなる．体重を5.3kg減少させるのが目標となる．

②　BMIを基準とする場合

もっとも罹病率が低いBMIは22とされているので，目的とする体重：$22 \times 1.66^2 =$ 60.6kgである．体重を4.4kg減少させるのが目標となる．

③　体脂肪率を基準とする場合

男子で健康的と考えられる体脂肪率は10～15％とされている．壮健な体づくりでは除脂肪体重を減らさないのがよいので，除脂肪体重をそのままにした体脂肪率15％への体重の計算は次のようになる．

現在の脂肪量は65kg × 0.25 = 16.3kgとなり，除脂肪体重は65kg − 16.3kg = 48.7kgである．これらより体脂肪率15％の体重は48.7kg ÷ 0.85 = 57.3kgとなる．この体重での脂肪量は57.3kg－48.7kg＝8.6kgとなる．除脂肪体重をそのままにするのが条件であるので，脂肪を7.7kg減少させることで体重を57.3kgとするのが目標となる．

除脂肪体重は体の実質部分である．肥満のための減量をするといっても除脂肪体重が減少すると身体機能は低下する．過剰な脂肪の沈着という肥満の定義に従えば，③が理にかなっている．①と②は身体組成を無視した減量で，減量の結果として脂肪だけの減少ではなく，除脂肪体重減少の可能性も高い．減量には成功したものの，体力の低下をもたらすことがある．一方，増量については，脂肪を増やすよりも除脂肪体重を増やしての増量の方が，身体機能の向上には適切である．しかし，スポーツ選手の重量級の者は脂肪による増量も必要となる．このように，ウエイトコントロールといっても目標を何とするかによって内容は同じではない．

2 スポーツ選手のウエイトコントロール

人の体重は大きく2つに分けて考えられる（本章［7］参照）．筋を主体とする除脂肪体重と脂肪とである．除脂肪体重の半分が筋量に相当するので，除脂肪体重は筋量に代わる指標と考えられている．スポーツ選手の増量は除脂肪体重の増量が第一義であり，減量は脂肪の減量が第一義である．

1．増　量

スポーツ選手にとって，体重を増やすことは競技種目の特性と関連する．一般には，増量の目的はエネルギーの発生源を大きくすることにある．そのためには除脂肪体重を増加させることであるが，直接的には筋の増量である．

筋はたんぱく質からできているから筋量を増やすためにはたんぱく質を多量に摂るのが良い，と信じているスポーツ選手は少なくなく，いわゆるプロテインを日常的に摂取している者も多い．日本体育協会はトレーニング期間中のスポーツ選手には一般人の2倍もの摂取を勧めているが，それは必ずしも筋の増量を目的としてのことではない．スポーツ選手が除脂肪体重を増やすにあたって，たんぱく質を多量に摂取することの有効性については依然として意見は分かれている．たんぱく質の過剰な摂取は不要である，との指摘もあるのである．

そこで，たんぱく質の摂取量の影響を検討した著者らの研究を紹介しよう．多量のたんぱく質摂取についてのこれまでの研究結果が分かれる原因には被検者の体力レベルの相違，トレーニング状況の相違，たんぱく質摂取レベルの相違が考えられる．そこで，体力レベルとトレーニング状況，さらには日常の生活ぶりがほとんど同じである大学の陸上部の男子投てき選手を被検者にしての研究を行った．一番の鍵となるたんぱく質摂取量は，事前の栄養摂取調査より彼らの1日の摂取量が体重1kgあたり1.5g/kgであったことから，通常の摂取群と，日本体育協会の提示を参考に2.0g/kgとした多量摂取群との比較をした．用意された献立食の摂取期間は62日間であり，表2-8-1に示したのは栄養分析結果である．この期間での投てき選手の練習は週に6日，1日あたり2.5～3.0時間で，6日間のうち3日はウエイトトレーニングが主であり，他の3日は投てきの技術練習が主であった．その結果，体重と身体組成の差をなくした2群であったが，62日後であっても両群とも有意な変化はなかった．MRIによる大腿部

表2-8-1　献立食摂取前と摂取中の栄養素摂取調査の比較.

		高たんぱく摂取群(n＝9)		通常食(n＝8)	
		摂取前	摂取中	摂取前	摂取中
エネルギー	(kcal)	3,496 ± 433	3,824 ± 268	3,373 ± 282	3,441 ± 301
たんぱく質	(g)	126 ± 21	175 ± 10***	127 ± 14	130 ± 9
	(g/kg)	1.4 ± 0.2	2.0 ± 0.2***	1.4 ± 0.2	1.5 ± 0.2
脂　肪	(g)	100 ± 16	115 ± 11*	92 ± 13	76 ± 11*
炭水化物	(g)	523 ± 71	522 ± 36	509 ± 63	559 ± 58
カルシウム	(mg)	591 ± 198	1,543 ± 102***	634 ± 184	841 ± 57**
鉄	(mg)	14.8 ± 1.6	15.8 ± 1.4	16.4 ± 2.9	12.6 ± 1.6*
ビタミンA	(IU)	2,982 ± 436	5,453 ± 566***	4,659 ± 545	4,376 ± 1,349
ビタミンB_1	(mg)	1.70 ± 0.33	4.34 ± 0.16***	2.12 ± 0.33	3.72 ± 0.12***
ビタミンB_2	(mg)	2.02 ± 0.38	3.48 ± 0.20***	1.99 ± 0.37	2.32 ± 0.33
ビタミンC	(mg)	107 ± 26	144 ± 16**	93 ± 35	107 ± 11

値は平均値± 1SD.
摂取前：献立食摂取に入る直前の5日間の1日当りの平均値.
摂取中：献立食摂取62日間の1日当りの平均値.
摂取前対摂取中（***: p＜0.001, **: p＜0.01 *: p＜0.05）
（松岡ら：競技シーズン中のより多くの蛋白質摂取が身体組成と身体諸機能へ及ぼす効果―大学投擲選手の場合―．体力科学40：219，1991）

と腹部の断面積にも有意な変化はなかった. 血液成分では, 両群とも有意に変化した項目があったが, いずれも正常範囲内の変化であり, 両群とも貧血症状はみられなかった. また, 尿中尿素窒素量も有意な変化がなかった. さらに各種の最大等尺性筋力にも有意な変化はなかった.

こうした結果から, 力を強く発揮しなければならない競技種目のスポーツ選手であっても, トレーニング期間中にたんぱく質を多量に摂取したからといって, そのことが除脂肪体重の増加には結びつかなかった. また, 日本体育協会の勧める2.0g/kg以下の摂取量であっても貧血症状がみられなかったことから, スポーツ選手の多量のたんぱく質摂取の意義については, 改めて考える必要がある. なお, 著者らの調査により, 大学スポーツ選手の日常的な栄養摂取は極めて不十分なことが分かっている. 3食を満足にとっていないのである. スポーツ選手にとっては, まず日常の食生活全般への配慮が必要である.

筋の増量についてのたんぱく質摂取の問題はまだ確定してはいないようだ. しかし, 筋の増量に明確な効果をもたらす方法はある. それはウエイトトレーニングである. これについての詳細は4章［3］に記した.

ところで, 筋を増量させるといっても, 限界があるようだ. その限界は体重にして100kgほどのところで, それくらいの体重になると脂肪も増量させないことには筋も増量させられない, と考えられている. 体重階級性スポーツ競技を見ると, 重量級の選手では, 脂肪がだぶつくほど沈着しているのが分かる. 筋だけでの増量に限界があることが, そうした事実からも明白である.

2. 減　量

栄養との関連で減量を考えれば, ある程度の長期間にわたることを前提としなけれ

表2-8-2　食事制限，脱水およびその併用の弊害.
（American College of Sport Medicine: Weight loss in wrestlers. Med. Sci. Sports 8: XI, 1976）

1）筋力の低下
2）作業持続時間の低下
3）血漿量および血液量の減少
4）最大作業時の心機能の低下
・心拍数の上昇
・一回拍出量の低下
・心拍出量の低下
5）酸素消費量の低下（特に食事制限を行った場合）
6）体温調節機能障害
7）腎血流量の減少および腎臓のろ過量の減少
8）肝グリコーゲンの枯渇
9）電解質の排出の増加

ばならない．しかし，体重階級性種目のスポーツ選手は1週間程度の短期間で数キロの減量を行っている．そうした短期間の減量方法では極端な飲食物の制限や脱水が主体となっている．その弊害についてはアメリカスポーツ医学会（American College of Sport Medicine：ACSM）の公式見解（表2-8-2）に示したように昔から指摘されてはいるが，なかなか無くならないのが現状である．そうした短期間の減量法では脂肪を減らすことがないばかりでなく，除脂肪体重を減少させ体力の減衰に至っていることを，改めて肝に銘ずるべきである．

こうした短期間の減量に対して，女子器械体操選手に44日間わたる長期間の減量食をとらせての研究をした．この献立の作成にあたって注意したのは，①選手の好みを取り入れること，②選手の運動強度を参考にエネルギー量は栄養所要量の60％にすること，③たんぱく質，ミネラル，ビタミンは栄養所要量を満たすこと，④食事にあきがこないように14種類の献立を用意すること，である．ただし，ミネラルとビタミンはこの献立ではどうしても不足するので錠剤により補充している．図2-8-1はその減量結果である．

このように除脂肪体重の減少はほとんどなく，脂肪が顕著に減少することで体重を減らすことができた．また，全身持久力と筋機能は減衰せず，血液成分も正常範囲内であった．要するに，スポーツ選手にとって，体力を落とすことなく健康的に減量することができたのである．このようにスポーツ選手の減量は，短期間での急速減量方法で行うのではなく，栄養的に吟味された食事を摂って，少なくとも3週間以上をかけて減量するのがよい．なお，献立や調理については専門家の助言や助けがあることが望ましい．

3　肥満者のウエイトコントロール

1．エネルギーの摂取制限と消費増大

ほとんどの運動では，体重はそれ自体が負荷であると同時にエネルギーの源の大き

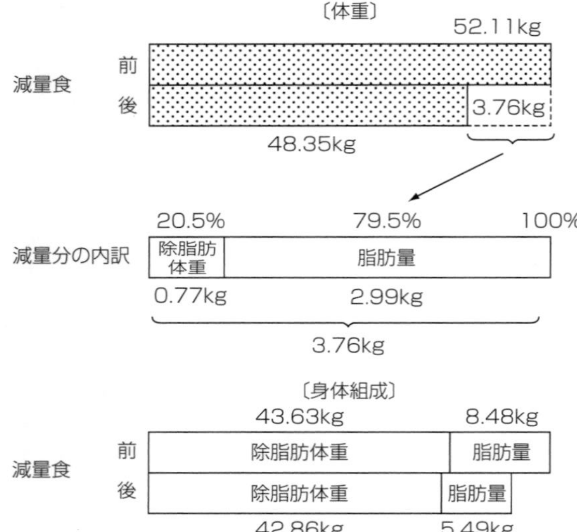

図2-8-1　調整された減量食の摂取による体重と身体組成の変化.
(北川・松岡：女子器械体操選手の身体組成と運動諸機能へ及ぼす減量食の影響．体力科学　33：119，1984)

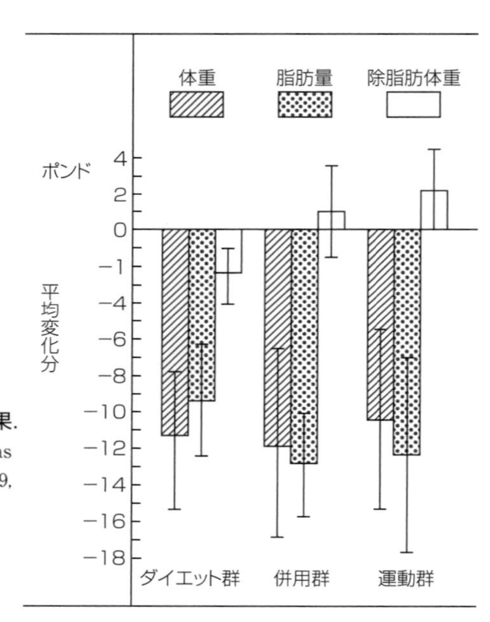

図2-8-2　減量におけるダイエットと運動の効果.
(Zuti & Golding : Comparing diet and exercise as weight reduction tools. Physician Sportsmed 4 : 49, 1976)

さである．その点，運動を行う時間を考えると，脂肪はエネルギーの発生源としての意味は小さく，いわば鉛の重りとして作用している．これに対し除脂肪体重はエネルギーの発生源である．したがって，体重を減らすといっても，除脂肪体重をそのままにして脂肪を減らす方が良い．

減量についての研究は多いが，基本的考え方はエネルギー摂取を減らすか，エネルギー消費を増やすか，である．しかし，エネルギー摂取を減らす方法だけを採ると，脂肪も減少するが除脂肪体重も減ることがわかっている．図2-8-2に示したのは減量研究での古典的といってよい研究である．1日に500kcalを余分に減らすプログラムを25～42歳の女子を対象に実施した結果である．ダイエット群は食事の摂取量の減少だけにより，運動群はトレッドミル歩行による消費エネルギー量の増大により，併用群では250kcalずつダイエットと運動により，体重を減らすことにした．期間は16週間であった．3群ともに体重は減少したものの，ダイエット群では除脂肪体重も減少したことが他の2群とは異なった．

このように，除脂肪体重を減らさず健康的に減量するには，運動量を増やすことで十分に可能となり，場合によってはダイエットを併用することで減量を図る方が良いことが明らかになっている．

2．アメリカスポーツ医学会の減量指針

運動についての世界の指導的立場にある学会のひとつがアメリカスポーツ医学会（American College of Sports Medicine：ACSM）である．ACSMは医学と体育学（なかでも運動生理学）の専門家により設立された学会であるが，時代の要請に答える形で種々のテーマについての公式見解を表明している．減量については過去に3回の提言がなされている．なかでも2回目に当たる1983年の公式見解（123頁，表4−5−1参照）は，長い間，減量プログラムのいわばバイブルとしてフィットネスセンターなどの現場で広く利用されている．要約すれば次のようである．

肥満者を対象としたACSMの推奨する運動プログラムとは，少なくとも週に3回の頻度で，最大心拍数の60％強度の持久性運動を20～30分行うこと，である．1回の運動で消費するエネルギー量は300kcal以上が良いが，もし200kcal程度であれば頻度を週に4回以上とするのが良い．なお，1回の運動量を大きく増やし，頻度を週に2回とか1回にした場合，すなわち運動のまとめやりの効果であるが，その効果は小さい．なお，食事療法を併用するにあたっては，栄養所要量を満たすように適切に調整された内容の食事を摂ることが大切であり，1日の摂取カロリーを1200kcal以下（所要量は子ども，高齢者，スポーツ選手によって異なる）に制限しないことである．そして，最大の減量分は週に1kgまでである．

第2回目の提言の約20年後，2001年に第3回目の提言がなされ，その要約を表2−8−3に示した．これによると，アメリカ社会の肥満問題は改善されるどころではなく，BMIでみると過体重か肥満の成人の割合は55～60％に達しているとのことである．この減量指針は1983年の改訂であるが，目標を誰にでも到達しやすい低い水準に置き，時間をかけて減量を行わせ，薬物の使用を認め，かつ，対象を成人に限っているのが特徴である．また，今回の提言をまとめるに当たっては身体組成の研究では測定に手間がかかることから証拠（エビダンス）が不足しているので，肥満判定を算出が簡単なBMIで行った研究成果を取り入れている．それまでの提言では，体脂肪率を肥満判定に不可欠な指標としていたが，身体組成に基盤を置いた判定からBMIへの転換は特記すべきことであろう．こうした状況から推測するに，アメリカでの肥満問題は一層深刻度を増していることは間違いなかろう．

表2−8−3に示す指針ではBMIが30以上を肥満，25以上30未満を肥満気味としている．両方を指す場合を「肥満している人」と表現した．

なお，運動による身体組成への効果については4章［5］に記した．

表2-8-3　成人のための減量とリバウンド防止への適切な対応策．（American College of Sport Medicine: Appropriate intervention strategics for weight loss and prevention of weight regain for adults. Med. Sci. Sports Exerc 33: 2145, 2001）

①　減量対象者

身体組成（体脂肪率）からの資料では健康関連の資料が不足しているので，BMIで25以上の者，腹囲で男子が102cm，女子が88cm以上の者である．

②　減量の目標

今の体重から5～10％減とすることを目標とする．この程度の減量は，食事内容を改善し，運動習慣を取り入れるという通常の減量プログラムを実行すれば達成できる．そして，生活習慣病危険因子の改善に有効であり，心臓病，インシュリン非依存性糖尿病，高血圧症，高脂血症などの症状を軽減する効果がある．なお長期的視点では10％以上の減量がよい．

③　体重の保持

たとえ体重の減少を望まなくても，また理想とされる体重になっていなくても，長期間同じ体重を保持する，あるいは，肥満の再発を防ぐための努力をするべきである．ここでいう体重の保持とは今の体重の2.3kg以内である．

④　望ましい食事

肥満している人は，今の食事から500～1,000kcal減らす．その際，脂肪の摂取は全摂取エネルギーの3分の1以下に抑える．ただし，1日の摂取量を800kcal以下に減らすことは勧められない．

⑤　望ましい運動

運動量を少しずつ増やし，1週間に150分間中等度の運動をしよう．長期間の減量を目指す人は，余暇時間での運動を更に増やすべきである（1週間に200～300分，あるいは，1週間に2,000kcal以上）．レジスタンストレーニングは筋機能の増大には有効であるが，減量に対する持久性運動の効果に優るとの証明はない．

⑥　薬物摂取と減量

肥満を慢性疾患と理解すれば薬物摂取は効果的である．減量のために薬物を服用する場合は，BMIが30以上か，他に病気にかかっているBMIが27以上の人である．そして，食事と運動の生活習慣の改善と併用しなければならない．

3章 体力の測定

[1] 形　態

形態を表すには，身長や体重といった体格の測度を用いるのがもっとも簡易である．しかし，体つきをあらわすにはそれでは不十分であり，古くから用いられてきた簡易な方法がローレル指数などの体型指数である．また肥満との関連では身長別体重，いわゆる標準体重を用いる肥満度も良く知られている．しかし，機能的体力との関連でもっとも用いられているのは身体組成であろう．また近年では，骨に関する測定も行われるようになっているが，体力測定としてはまだ一般的とはいえない．骨に関する測定法は本章では割愛するが，トレーニング効果をまとめた4章［5］において骨への影響についてふれる．

猪飼（1970）によれば，体格とは身体の形態的特性のことで，骨格と筋とによって形成された全体の構成をいい，英語のphysiqueに相当する．具体的には，身長，体重，胸囲，座高，指極，上肢長，下肢長などであり，単一の測度である．一方，体型では，体格のうちで，全体の中での各部分の大きさの釣り合いの状態が問題とされる．した

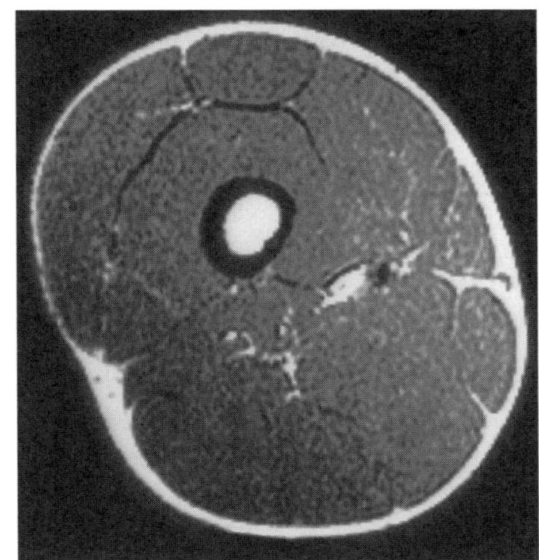

図3-1-1　MRI法による大腿部横断面像．（男子陸上スプリンター）

がって，測度を組み合わせ指数で表すことができる．体型は，いわゆる体つきであり，英語ではbody typeにあたる．体型指数が体格指数と誤用される例がしばしばみられるようになったが，体格を指数で表すことはない．

1 身体組成

身体組成といえば全身を念頭に置いて一般には受け取られている．具体的には脂肪量，除脂肪体重，体脂肪率を求めることである，と．しかし，全身ではなく局部をキャリパー法，超音波法，CT法，MRI法によって，皮襞厚（後述）や皮下脂肪厚を求めたり，あるいは体肢や体幹の筋などの断面積を求めることも，当然，身体組成の研究である（図3-1-1参照）．ただし，キャリパー法や身体での電気の抵抗値を用いるBI（bio-impedance）法，あるいは，超音波法では局部の測定値をそのまま用いるよりも，全身での身体組成を推定するための間接法として利用されることが多い．ここでは，密度法を始めとする，いわゆる直接法と，キャリパー法などの間接法とについてまとめる．なお，表3-1-1には説明を省いた測定方法をも含めて，種々の測定方法を一覧にまとめた．

表3-1-1　身体組成の測定方法．

全　　身	局　　所
密度法	キャリパー法
体水分量法	超音波法
カリウム法	TOBEC法*
二重エネルギーX線吸収法	BI法*
	近赤外線法
密度・水分・ミネラル等の併用法	CT法
脂肪溶解ガス法	MRI法

*全身と局所とに分けにくい方法

1．いわゆる直接法：密度法（densitometry）と基本となる測定方法

密度法は，人の体が一定の密度を持つ2つの部分に分けられる，との前提で成り立つ方法である．密度は，体重を体積で除して算出する．正しく体積を算出するには肺の残気量などを測定しなければならない．成人での脂肪の密度は0.9g/mL，除脂肪体重の密度は1.1g/mLとされており，両者が混在するヒトの全身での身体密度はおおむね1.01～1.09g/mLである．一般には男性のほうが女性よりも，またスポーツ選手は非スポーツ選手よりも大きい．測定原理から分かるように，身体密度が小さいほど体脂肪率は大きくなり，値が大きいほど体脂肪率は小さくなる．

身体密度からの体脂肪率換算式について表3-1-2と図3-1-2にまとめた．世界的に用いられている成人用の式はブロゼックらの式（1963）とシリの式（1961）であり，その除脂肪体重の密度はほぼ1.1g/mLである．密度法では，この体脂肪率換算式からみていくつかの留意点がある．脂肪の密度には人種，性，年齢，身体鍛錬度などによる相違はないが，除脂肪体重はそうではない．そのため身体密度からの体脂肪率換算

表3-1-2　身体密度からの体脂肪率換算式と適用対象者.

体脂肪率換算式	対　　象
Siri %fat ＝(4.950/D － 4.500) × 100	成　　人
Brožekら %fat ＝(4.570/D － 4.142) × 100	成　　人
Lohmanら %fat ＝(5.300/D － 4.890) × 100	思春期前の子供
Forbes %fat ＝(5.750/D － 5.389) × 100	高　齢　者
Miyamotoら %fat ＝(5.075/D － 4.604) × 100	成 人 女 性

%fat：体脂肪率　　D：身体密度

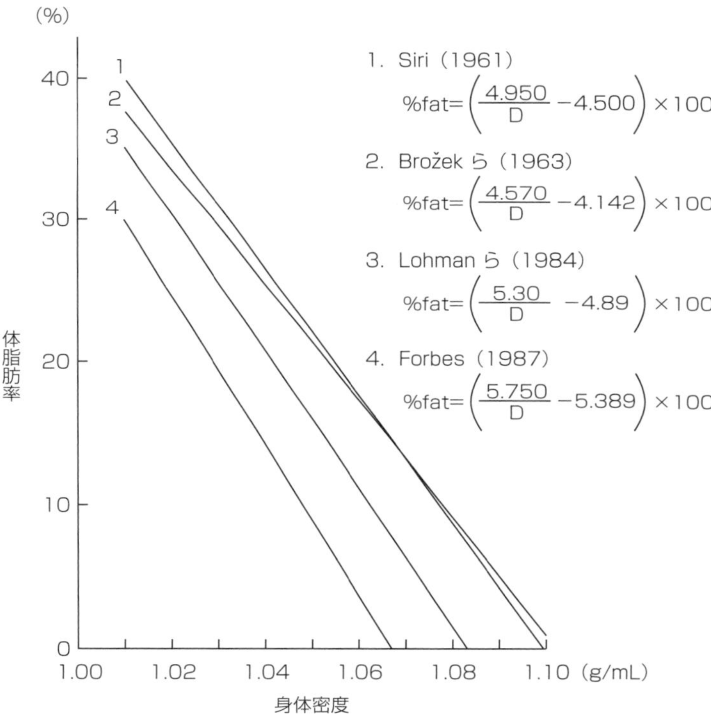

図3-1-2　身体密度（D）からの体脂肪率（%fat）算出式の比較.

式の適用に当たっての制限がある．密度法にて測定できる者は浮腫のない健常者であって，年齢にしてローマンらの式（1984）が適用できる思春期前の10歳ごろの者，そしてブロゼックらの式とシリの式が適用できる女子は16歳以上，男子は18歳以上の者である．なお，高齢者では除脂肪体重の密度が減少するので，密度法の適用には注意が必要である．

密度法以外にもこれまでいくつかの測定方法が考案されている．脂肪にはほとんど水分がないこと，全体水分量の除脂肪体重に占める割合がほぼ一定であることから，

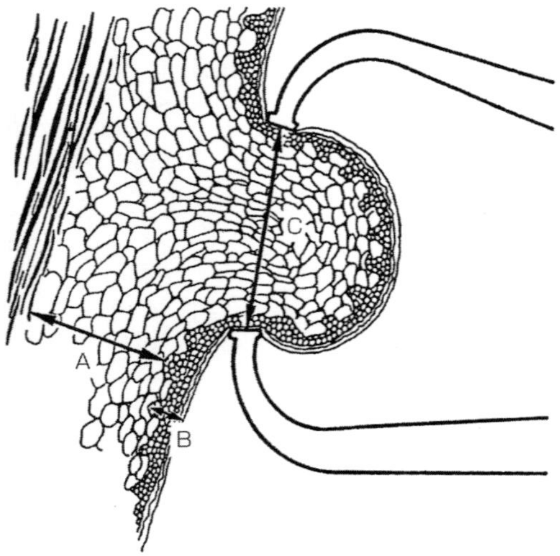

図3-1-3　皮下組織の模式図.
（北川：身体組成とウエイトコントロール，杏林書院，1991）

体水分量を測定することにより除脂肪体重や脂肪量を算出する方法が体水分量法である．また，細胞内液中での重要な陽イオンであるカリウムは，そのほとんどが筋線維や肝細胞内に存在し，脂肪組織には存在しない．細胞外液中にあるカリウム量はほんのわずかである．これより，全身のカリウム量を測定することにより細胞内液量を推定したりする方法がカリウム法である．また，近年，発展しつつある方法が二重エネルギーX線吸収法（dual energy X-ray absorptiometry：DEXA法）である．

2．間接法

近年，手軽な測定器として体脂肪計が広く普及しているが，そうした測定器の測定方法のほとんどは人体の種々の測定値より身体密度を推定する密度法や，上述した測定法の間接法に当たる．したがって，これらの方法の精度については，元になった測定法自体のもつ問題点があるうえ，その簡便法であることを十分に認識し，測定結果を弾力的に理解する方が良い．

局所の測定より全身の身体組成を推定する方法として，キャリパー法はもっとも古くから行われている方法である．皮膚を摘み上げ，その厚さを測定する器具がキャリパーである．得られた値より身体密度を推定し，身体組成を求める．キャリパーはわが国では皮下脂肪厚計とか皮脂厚（ひしこう）計と呼ばれ，皮下脂肪組織の厚さを計る器械と考えられている．しかし，キャリパーでは皮下脂肪厚の測定はできない．キャリパーが測定しているのは図3-1-3に示したCであり，英語ではskinfold thicknessと称され，皮下脂肪層を含む皮膚をつまんだ厚さのことである．したがって，測定しているのは圧縮され二重になった襞（ひだ）の厚さであって，日本語では皮襞厚（ひしゅうこう）とすべきである．あえてキャリパーについてこうした指摘をしたのは，後述する超音波を用いた皮下脂肪厚計，あるいはCTやMRIといった装置により，図3-1-3に示した皮下脂肪厚（英語ではsubcutaneous fat thickness：図ではA＋B）をたやすく測ることができるようになったからである．

近年，急速に広まったのがBI法である．この方法は体肢に電流を流すことにより，身体の抵抗値を求め，他の測定値とともに身体密度を推定する方法である．体水分のほとんどは除脂肪体重部分にあり，脂肪部分にはない．すなわち，除脂肪体重は通電性が良く，脂肪は極めて悪いのである．したがって，抵抗値が大きければ相対的に除脂肪体重は少なく，脂肪量が多いことになる．わが国では，脂肪量の測定，といえばこの測定器と一般には受け取られているほどである．市販されている測定器には然るべき推定式が組み込まれ，除脂肪体重，脂肪量，体脂肪率などを瞬時に演算する．BI法は測定の原理からして，体水分の分布がこの測定法の精度に大きく関わってくる．したがって測定の際には，被検者の姿勢や測定時間帯には留意する必要がある．また，水分の減少が主体となる短期間の減量では，BI法での測定では減量後に体脂肪率が大きくなる現象が見られる．

体表面に置いた発信器より超音波を発し，組織の境界からのエコーより体内の様子を画像にして観察するのが超音波法である．超音波装置は小型化され，皮下脂肪厚や筋肉の厚さを比較的簡単に測ることができるようになった．キャリパー法には，検者が皮膚をつまむ力加減に差があることが原因のひとつとなり，検者間で測定値が一定しないとの指摘は古くからある．小型で携帯用の超音波皮下脂肪厚計は皮膚をつまむわけではないので，皮下脂肪厚を検者間の差がなく測定できる機器として用いられている．その後，測定値から身体組成を瞬時に演算する機能がついた機種が販売されるようになった．

3．測定値の比較

以上のように，身体組成の測定では，測定方法が異なれば同じ被検者であっても得られる値にはある程度の差異がみられる．なかでも上述した2の間接法はそうである．したがって測定値の比較をする際には，測定方法が同じかどうかを確認しておくことが大切である．また，密度法およびその間接法では，用いている体脂肪率換算式にも留意しなければならない．

2 肥満度，体型指数

1．肥満度

性，年齢ごとに設定された身長別標準体重（62頁，表2-7-2参照）と比較し，体重が多いか少ないかを算出する．肥満度と称されているが，痩せの判定にも用いられるので肥痩（ひそう）度というのが，本来は適している．標準体重と算出式は以下のようである．ただし，標準体重表は幾種類も公表されているので，用いる標準体重表によって肥満度は異なる．

$$肥満度（\%）= \frac{現有体重 - 標準体重}{標準体重} \times 100$$

2．体型指数

体型指数は身長，体重，胸囲，座高などを組み合わせて作られている．測定が手軽な身長と体重の組み合わせでは比体重，カウプ指数，ローレル指数などがある．カウプ指数は，発育期において身長の影響を受けにくい体型指数である．またカウプ指数はBMI（body mass index）と改称されて肥満評価のための栄養指数として用いられている．また，ローレル指数も身体充実指数ともいわれ，肥満評価に用いられたこともあった．

算出の原理は以下のようであり，指数であるので単位はない．

比体重＝体重÷身長

カウプ指数＝体重÷身長^2

ローレル指数＝体重÷身長^3

BMIはカウプ指数と算出原理は同じであるが，実用的には以下のようになる．

BMI＝体重（単位：kg)÷身長（単位：m)^2

コラム 4 ヒトのからだは水の中では軽くなる！

アルキメデスの原理（浮力の影響）

BC3世紀ごろ，王冠に使われた金の純度に疑問を持った王様から，冠を壊さずに金の純度を調べるようにと命じられたアルキメデスが発見したといわれる．すなわち液体中で静止した物体は，その物体が押しのけた液体の重さだけ軽くなる，のである．重い鉄でできた船が水に浮かぶのも，このアルキメデスの原理により説明できる．

ヒトの体積を求める方法は簡単ではない．身体組成研究での水中体重秤量法（underwater weighing method）でヒトの体積を求めることができるのもアルキメデスの原理による．水中では体積に相当する水の重量が浮力として働くため，水中での体重は軽くなる．このことは一般にはプールでの水泳時に経験することができる．ヒトの体積を測るには，原理的にはヒトが押しのけた水量を測ればよい（水置換法：water displacement method）が，精度の高い測定装置は簡単にできるものではなかった．

[2] 機　能：神経・筋

体力測定として，もっとも知られている項目のひとつが筋力である．しかし，それはほとんどの場合，等尺性筋力を測定している．等尺性筋力はスポーツ選手の筋機能の測定としては最適とはいえず，スポーツ選手に関して一般的に求められているのは動きのなかでの筋機能の測定である．また，神経系については，敏捷性の良否をみるのが一般的な方法であるが，厳密には神経系の機能だけを取り出してみることはできない．それには，いくつかの生理学的方法があるが，現時点では体力測定として取り扱うほど一般的ではない．

1 筋　力

一般に体力測定では体肢と体幹の筋力が測定される．しかし，具体的にどの部位を測定するかは目的により様々である．また，近年では等速性筋力測定装置が広まりつつあり，従来の筋力計での計測だけではとどまらなくなってきている．

1．等尺性筋力

今日まで，数十年にわたって測定されているのは等尺性収縮による筋力である．筋の長さは変わらない，すなわち関節角度が変わらない収縮である．一般的に測定されてきたのは握力と背筋力であるが，腰への負担を考慮し文部科学省の新体力テスト（2000）では背筋力は除外された．また，一般的に行われる体力テストではばね式の筋力計が用いられることが多い．ばねは測定中に少し伸びるため，被検者は必要以上に力を入れ続けることがある．そこで，伸びを無視できる金属のひずみを計測するロードセル式デジタル表示のいわゆる電子筋力計が考案された．ばね式の筋力計に比べてはるかに高価であるが，等尺性収縮という本来の収縮様式については電子筋力計が適切であるし，さらにひずみを出力させ，記録器に入力し，筋電図などの他の測定と同時記録できる高い利便性がある．

特別な測定装置が必要となるが，肘関節の屈伸力（腕力）や膝関節の屈伸力（脚力）が，主としてスポーツ選手の測定では行われる．わが国では肘，膝ともに直角にして測定することが一般的である．

このような等尺性収縮での測定では，26頁の図2-3-4に示したように筋力は関節角度により変動する．すなわち，姿勢が筋力測定では極めて大切な要因となるので，筋力の測定に当たっては測定時の姿勢への配慮を忘れてはならない．

2．等速性筋力

もともとはリハビリテーションでの測定およびトレーニング装置として考案されたのが等速性筋力測定装置である．この装置は，関節の可動域全体にわたって最大筋力を発揮することができるという特長があり，関節の角速度を一定の速度に制御して，その際に発揮した回転モーメント（トルク）を評価する．通常の測定では角速度を秒

表3-2-1　スポーツ種目別等速性脚筋力の比較.

男子競技選手（平均値±標準偏差）

	n	膝伸展トルク (Nm)	膝屈曲トルク (Nm)	体重あたりの膝伸展トルク (Nm/kg)	体重あたりの膝屈曲トルク (Nm/kg)	屈曲／伸展 (%)
陸上競技（短距離）	6	240 ± 47	144 ± 18	3.5 ± 0.6	2.1 ± 0.2	59.9
陸上競技（長距離）	14	165 ± 26	84 ± 11	3.0 ± 0.4	1.5 ± 0.2	51.0
陸上競技（混成）	12	271 ± 55	149 ± 29	3.5 ± 0.5	1.9 ± 0.3	55.1
バレーボール	61	259 ± 44	147 ± 29	3.1 ± 0.5	1.8 ± 0.3	56.7
セーリング	38	230 ± 39	119 ± 20	3.2 ± 0.4	1.7 ± 0.2	51.8
自転車（短距離）	22	247 ± 42	141 ± 27	3.1 ± 0.4	1.8 ± 0.3	57.0
フェンシング（フルーレ）	7	269 ± 34	139 ± 15	3.7 ± 0.4	1.9 ± 0.1	51.6
バドミントン	28	234 ± 44	121 ± 21	3.4 ± 0.6	1.7 ± 0.3	51.6
トライアスロン	9	193 ± 26	97 ± 17	3.0 ± 0.3	1.5 ± 0.2	50.4
スキー（アルペン）	25	284 ± 40	157 ± 16	3.7 ± 0.4	2.1 ± 0.2	55.3
スキー（ジャンプ）	19	224 ± 21	115 ± 12	3.7 ± 0.3	1.9 ± 0.2	51.2
アイスホッケー	50	266 ± 35	138 ± 19	3.4 ± 0.4	1.8 ± 0.2	51.9
ラグビー（フォワード）	55	327 ± 48	179 ± 23	3.2 ± 0.4	1.7 ± 0.2	54.7
ラグビー（バックス）	56	286 ± 39	156 ± 23	3.4 ± 0.4	1.9 ± 0.2	54.5

女子競技選手（平均値±標準偏差）

	n	膝伸展トルク (Nm)	膝屈曲トルク (Nm)	体重あたりの膝伸展トルク (Nm/kg)	体重あたりの膝屈曲トルク (Nm/kg)	屈曲／伸展 (%)
陸上競技（中距離）	8	144 ± 29	80 ± 18	2.9 ± 0.4	1.6 ± 0.3	55.6
陸上競技（混成）	10	191 ± 24	104 ± 17	3.1 ± 0.3	1.7 ± 0.2	54.5
バレーボール	49	187 ± 34	93 ± 15	2.9 ± 0.5	1.4 ± 0.2	49.7
セーリング	22	170 ± 26	83 ± 13	2.8 ± 0.3	1.4 ± 0.2	48.8
フェンシング（フルーレ）	12	164 ± 34	81 ± 19	2.8 ± 0.5	1.4 ± 0.3	49.4
バドミントン	29	158 ± 24	79 ± 12	2.6 ± 0.3	1.3 ± 0.2	50.0
トライアスロン	10	129 ± 15	67 ± 7	2.5 ± 0.2	1.3 ± 0.1	51.9
スキー（アルペン）	10	212 ± 18	105 ± 13	3.4 ± 0.2	1.7 ± 0.2	49.5
スキー（モーグル）	9	166 ± 20	81 ± 8	3.1 ± 0.4	1.5 ± 0.1	48.8
アイスホッケー	24	156 ± 18	81 ± 8	2.7 ± 0.3	1.4 ± 0.2	51.9

対象は日本オリンピック委員会の強化指定選手，中央競技団体の強化対象選手（年齢は19歳以上）
Biodex System3を用いて角速度は秒速60度に設定して測定

速60度，180度，300度に設定し，最大努力で伸展屈曲運動を行う．なお，得られた値から拮抗筋力の比率（屈曲／伸展）や左右差を算出して，スポーツ障害を予防する指標に用いられている．表3-2-1に示したのは，種々のスポーツ選手について，角速度を秒速60度で測定した膝関節の伸展屈曲運動時の等速性筋力である．

2　筋持久力

持久力は全身と局所に分けて考えられる．局所での持久力は筋持久力といわれ大別して静的筋持久力と動的筋持久力とに分けられる．前者は一定の重りを保持し続ける時間を測定したり，筋力の減衰過程を観察したりして体力の良否を判定する．後者はある負荷を繰り返し持ち上げる回数を測定して体力の指標とする．ダンベルを例にとれば，持ち続ける時間，すなわち保持時間の測定をすることで静的筋持久力を，疲労困憊までの持ち上げる回数を測定することで動的筋持久力を測定する．肘の屈曲運動によって6～17歳までの男女の動的筋持久力を測定した猪飼ら（1965）の報告によれば，腕屈筋力の1/3の重りを負荷すると年齢と性の違いはなく平均回数は60回ほどであった．

3 パワー

本来のパワーの概念は広いのであるが，体力の分類では無酸素性パワーをパワーと考えることが多い．したがってパワー測定では短時間の力強い運動が採用されている．

体力テストでは垂直跳びによる跳躍高の測定が最も普及しており，現在使用されている測定方法は主に3種類ある．①腕を垂直に上げた直立姿勢から跳躍によって壁をタッチした到達点までを測定する方法，②腰につけた紐が跳躍により引き出された長さを測定する方法，③跳躍により足が地面から離れて接地するまでの滞空時間を測定して，得られた値を下記の式に代入して跳躍高を算出する方法である．

跳躍高（m）＝9.81（m/sec^2）×滞空時間（sec）×滞空時間（sec）÷8

特にスポーツ選手の場合は，マットスイッチを用いて測定した滞空時間から跳躍高を算出する方法が用いられている．多くの競技では重心の移動がパフォーマンスにとって重要な要素になっていることから，測定の際には複数の動作様式による跳躍を行い，その結果から反動動作や上肢の振り込み動作によるパワー発揮の効果をみている．それらの動作様式とは，直立姿勢から反動動作を使って上肢の振り込み動作ありとなしの2条件による垂直跳び，そして膝関節を90度に屈曲させた姿勢から反動動作に制限を加えたスクワットジャンプである．また，リバウンドジャンプは「できるだけ接地時間を短く，かつ高く跳躍する」という指示による跳躍を行い，跳躍高を接地時間で除した値（RJ-index）を求め，短時間によるパワー発揮を評価している．表3-2-2に日本人一流競技者の垂直跳び，スクワットジャンプ，およびリバウンドジャンプの結果を示した．

脚伸展パワーは特殊な測定装置を用いて，シートおよびフットプレートに体幹および足を固定し，膝関節角度が約90度になるようシートの前後位置を調整した状態から膝関節および股関節を一気に伸展させて押し出す．フットプレートの移動速度と脚伸展力との積からパワーを算出する．垂直跳びほどの技術を必要とせず，限定された動きのパワーを測定する．

速度を垂直方向の移動速度より，体重を力として求められるのが階段かけのぼりパワーである．全部で12段の階段を，階段の下から助走をつけずに1段おきに全力で駆けのぼる．4歩目と6歩目の通過時間を測定し，その間の階段の高さとから垂直方向の速度を求める．装置にかかる費用が比較的少なく，かつ全身運動での測定でのパワーであるのが特徴であるが，階段の形状，駆けのぼる技術の優劣によって成績は左右さ

表3-2-2　日本人一流競技者の垂直ジャンプ，スクワットジャンプおよびリバウンドジャンプ．

男子競技選手（平均値±標準偏差）

	n	垂直跳び（腕振込あり）(cm)	垂直跳び（腕振込なし）(cm)	スクワットジャンプ (cm)	リバウンドジャンプ (cm)	RJ-index
バレーボール	23	57.8 ± 6.5	48.3 ± 3.6	44.6 ± 3.5	38.4 ± 4.6	2.16 ± 0.35
バスケットボール	19	50.4 ± 4.5	41.7 ± 4.5	39.1 ± 4.0	31.8 ± 4.7	1.76 ± 0.39
アイスホッケー	11	50.3 ± 6.4	43.1 ± 5.3	37.4 ± 4.2	33.1 ± 4.7	2.06 ± 0.34
陸上競技（跳躍）	39	61.9 ± 5.8	54.5 ± 5.7	50.5 ± 5.8	46.2 ± 6.2	3.04 ± 0.52
陸上競技（混成）	12	60.5 ± 5.0	52.6 ± 5.7	47.4 ± 5.4	41.3 ± 5.9	2.64 ± 0.32
体操競技	9	52.6 ± 4.9	46.0 ± 4.9	42.3 ± 3.7	37.4 ± 4.8	2.57 ± 0.44
テニス（硬式）	10	47.9 ± 4.2	42.0 ± 3.6	37.4 ± 1.6	36.5 ± 9.8	2.24 ± 0.57
スキー（アルペン）	22	54.4 ± 5.8	48.0 ± 5.0	43.6 ± 5.3	36.0 ± 4.4	2.22 ± 0.35
スキー（モーグル）	16	57.2 ± 4.8	50.3 ± 3.4	45.3 ± 3.0	37.7 ± 2.8	2.40 ± 0.25
スノーボード（アルペン）	7	53.0 ± 4.5	46.3 ± 5.9	42.0 ± 4.8	34.6 ± 5.8	2.10 ± 0.36
ウエイトリフティング（軽量級）	11	62.4 ± 5.6	52.2 ± 6.0	46.8 ± 6.5	36.1 ± 9.1	2.12 ± 0.41
ウエイトリフティング（重量級）	11	58.8 ± 4.9	51.0 ± 6.7	45.5 ± 5.5	32.4 ± 6.7	1.55 ± 0.37

女子競技選手（平均値±標準偏差）

	n	垂直跳び（腕振込あり）(cm)	垂直跳び（腕振込なし）(cm)	スクワットジャンプ (cm)	リバウンドジャンプ (cm)	RJ-index
バスケットボール	33	36.5 ± 5.7	29.7 ± 5.1	27.7 ± 4.7	28.9 ± 4.5	1.65 ± 0.36
陸上競技（跳躍）	22	47.5 ± 6.3	42.1 ± 5.8	39.2 ± 4.6	38.2 ± 5.3	2.58 ± 0.55
陸上競技（混成）	10	47.4 ± 3.4	41.8 ± 3.3	39.5 ± 3.2	36.4 ± 4.9	2.38 ± 0.40
テニス（硬式）	11	39.2 ± 5.1	33.4 ± 4.8	32.2 ± 3.3	29.9 ± 5.1	1.78 ± 0.36
スキー（アルペン）	10	42.2 ± 4.8	38.0 ± 4.9	34.9 ± 4.3	30.1 ± 4.9	1.86 ± 0.40
スキー（モーグル）	9	42.5 ± 3.8	38.3 ± 3.2	35.9 ± 3.4	32.5 ± 2.6	2.17 ± 0.33
スノーボード（アルペン）	9	36.9 ± 7.3	34.0 ± 5.6	30.9 ± 5.7	28.8 ± 3.9	1.78 ± 0.32
ウエイトリフティング（軽量級）	6	42.1 ± 3.0	37.8 ± 3.1	34.3 ± 3.2	25.3 ± 3.3	1.66 ± 0.37
ウエイトリフティング（重量級）	6	39.2 ± 6.6	35.5 ± 5.9	33.0 ± 5.7	24.4 ± 6.6	1.41 ± 0.38

対象は日本オリンピック委員会の強化指定選手，中央競技団体の強化対象選手（年齢は19歳以上）
RJ-index＝リバウンドジャンプによる跳躍高 ÷ 滞空時間

れる．

最大無酸素パワーの測定は，①自転車型の測定装置であるPOWERMAX-V（商品名）を用いて3種類の負荷条件で10秒間の全力ペダリングを2分間の休息を挟んで3セット行う方法が広まっている．各負荷における最大回転数を下記の式に代入して出力パワーを算出し，全体のパワー曲線から最大パワーを求め，この値を最大無酸素パワーと評価している．

出力パワー（kpm/秒）＝負荷（kp）×1回転での移動距離（m）×最大回転数（回/秒）

なお，1セット目の負荷は性別と体重により決まるが，2セット目と3セット目の負荷はその前に行った負荷による最大回転数に応じて決定される．

②世界的にはウインゲート無酸素性テストが広く用いられている．これは自転車エ

ルゴメータを用いるテストである．負荷を体重の7.5%に設定し，30秒間の全力ペダリングを行って総ペダリング時間の平均パワーを求める方法である．30秒間の全力ペダリング終了後3分，5分，30分に血中乳酸濃度を測定して，最大血中乳酸濃度と血中乳酸濃度の回復率を評価する指標として用いられている．

なお，スポーツ選手の場合は対象となる競技種目の特性を踏まえて，全力ペダリングの時間を変化させて使用するケースもあり，わが国の場合は40秒間の全力ペダリングを用いることが多い．

4 敏捷性

敏捷性の測定の主眼点は神経系の良否を判定することにあり，その根底には「時間」の概念がある．刺激から反応までの時間，といったように．しかし，現実には筋機能をも測定しなければならない．したがって，敏捷性の測定では神経と筋の協応性運動をみることになる．

全身での敏捷性の測定には，反復横跳びとステッピングが用いられている．反復横跳びは20秒間に決められた幅での動きを何回繰り返すことができるかというテストである．一方，ステッピングはマットスイッチを用いて，立位姿勢で5秒間に両脚を交互に素早く踏みかえる動作を何回繰り返すことができるかというテストであり，移動を伴わない単純な切り替え動作の測定である．これらの運動は後述する単発的運動に比べると敏捷性能力の持久性を測定する側面がある．

局所的単発的動きでの敏捷性の測定法には棒反応時間の測定がある．目と手での協応性運動でのテストである．合図とともに落とされた棒をつかみ，その落下距離を測定する．同様に，光や音の刺激に対してどれだけ素早く手，もしくは足を動かすことができるかといった時間を測る単純反応時間，そして音や光による刺激の種類を変化させた条件に対して判断をしたうえでどれだけ素早く手，もしくは足を動かすことができるかといった時間を測る選択反応時間がある．

全身での敏捷性を見るには，2章［1］で述べた跳躍反応運動がある．全身反応時間の測定ともいわれるが，特に筋電図を併用することにより神経系と筋系の2要素から敏捷性を明らかにできるのがその特長である．

[3] 機　能：全身持久力

全身持久運動とは，大筋群である下肢を主体とする持久的運動であり，その背景として酸素運搬系の良否が問題となる．したがって，有酸素運動とも称されている．数分間以上継続して行う歩行，走行，水泳あるいはレクリエーションとして行うスポーツなどがその代表的運動である．全身持久力とは全身持久運動を行う能力のことであり，その測定と評価をするに当たっては運動の強度を求めることが最も重要である．それには，大別してエネルギー消費量の少ない水準に基準を置く方法，最大下の水準に基準を置く方法，そして最大水準に基準を置く方法に分けて考えることができる．

全身持久力を評価する最も根幹となっているのが酸素摂取量であるが，スポーツ選手の全身持久力を評価し，トレーニングプログラムを作成するうえで欠かせなくなっているのが血中乳酸である．

1　基礎および安静時代謝に基準を置く強度

体重あたり，あるいは体表面積あたりで求めてみると個人差の小さいのが基礎代謝量であり，安静時代謝量である．いいかえれば，これらは体力にかかわらずからだの大きさに比例するのである．

1．RMR（relative metabolic rate，エネルギー代謝率）

もともとは労働の作業強度を求めるためにわが国にて考案され，わが国では栄養学の領域では長い間にわたって用いられている．しかし，国外ではほとんど用いられてはいない．算出は以下のようにして行う．なお，代謝量とはエネルギー消費量のことである．

$$\mathrm{RMR} = \frac{\text{運動時代謝量} - \text{安静時代謝量}}{\text{基礎代謝量}}$$

この式で分かるように，RMRは運動時の正味の代謝量が基礎代謝量（basal metabolic rate: BMR）の何倍であるかを示す（図3-3-1）．なお，英語圏ではRMRはresting metabolic rateのことで，安静時代謝の意味である．混同しない注意が必要である．

2．METS（metabolic equivalent，代謝当量）

RMRに取って代わって広まっているのがMETSである．算出は以下のようにして行う．

$$\mathrm{METS} = \frac{\text{運動時代謝量}}{\text{安静時代謝量}}$$

METSは運動時の代謝量が安静時の何倍であるかを表す（図3-3-1）．なお，METSのSは複数のSであって，1すなわち安静時の代謝量は1METと表す．この式で分かるように，METSは算出の簡便さにおいて，また理解のたやすさにおいても

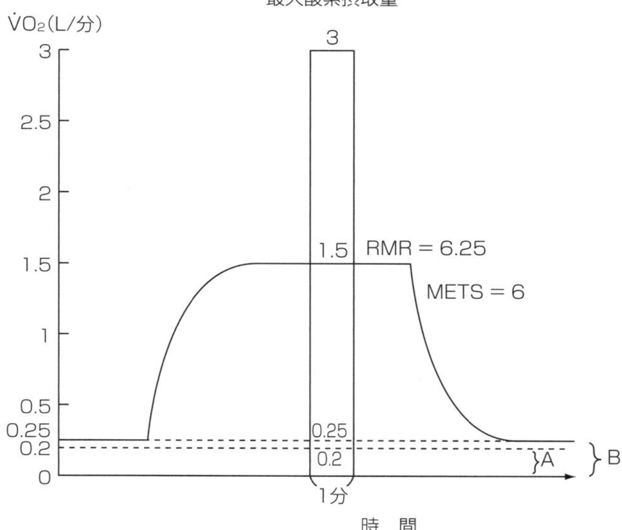

図3-3-1　運動中の強度の求め方.
A：基礎代謝量　B：安静時代謝量

RMRより勝っており，世界的に広く用いられている.

1METは体重1kgあたりの酸素摂取量（$\dot{V}O_2$）にして3.5mL/kg/分に相当するとされており，このことはMETSを簡単にカロリーに換算できることが大きな長所となっている．表3-3-1に示したのはアメリカスポーツ医学会がまとめた種々の身体活動のMETS一覧である. 体重と運動時間とから, しかるべき運動に消費された全エネルギー量を推定することができる．こうした一覧表では，技術を要するスポーツ種目ほどMETSの幅が大きく，高い精度で推定することが難しくなる.

また，子どもは成人よりも，体重当たりの安静時代謝量が高く，加齢に伴い低下する．したがって，図3-3-1に示された成人用のMETS 値を学齢期の子どもに使用することは推定精度を減ずることになる．その際は，小児期を通じた身体活動のエネルギーコストを考慮した年齢階層別のMETS値を用いることで推定精度を高めることができる.

3．RMRとMETSの比較

図3-3-1に示したのは, ジョギングを例にとったRMRとMETSの比較である．ジョギング中の酸素摂取量を1.5L/分，安静時代謝量を0.25L/分，基礎代謝量を0.2L/分として考えてみる．これらの数値を上記の式に入れればジョギング中のRMRは6.25, METSは6となる．このようにRMRとMETSは似たような値となるが，その概念は異なるし利便性も異なる.

4．運動中のエネルギー消費量

表3-3-1に示したMETS一覧の数値であるが，その算出に当たっての測定装置や手法が現在から見れば不十分なものであった，などの問題がある．その後，運動中の酸素摂取量を小型の測定装置を用いて，直接に，かつ連続的に測定することが行われるようになった. これにより求めた種々のスポーツのエネルギー消費量の一覧を表3-3-2に示した. 運動のエネルギー消費量を求めるには表3-3-2を用いる方が簡単である.

表3-3-1　レジャー活動のMETS値：スポーツ，運動の種目，ゲーム，ダンス.

	平均	範囲		平均	範囲
アーチェリー	3.9	3～ 4	猟(弓または銃)		
荷物背負い		5～11	小さな獲物(歩行，軽い荷物を運ぶ)		3～ 7
バドミントン	5.8	4～ 9＋	大きな獲物(殺した動物をひきずる，歩き)		3～14
バスケットボール			柔　道	13.5	
試合	8.3	7～12＋	登　山		5～10＋
練習		3～ 9	音楽演奏		2～ 3
ビリヤード	2.5		パドルボール，ラケットボール	9	8～12
ボウリング		2～ 4	なわとび	11	
ボクシング			毎分　60～80回	9	
試合	13.3		毎分120～140回		11～12
スパーリング	8.3		ランニング		
カヌー，ボート，カヤック		3～ 8	1マイルを　12分	8.7	
コンディショニング運動		3～ 8＋	〃　11分	9.4	
丘登り	7.2	5～10＋	〃　10分	10.2	
クリケット	5.2	4.6～7.4	〃　9分	11.2	
クローケー	3.5		〃　8分	12.5	
サイクリング			〃　7分	14.1	
ゆっくりした快適な速さ		3～ 8＋	〃　6分	16.3	
毎時10マイルのスピード	7.0		ヨット		2～ 5
ダンス(ソシアル，スクエアー，タップ)		3.7～7.4	スキューバダイビング		5～10
ダンス(有酸素的)		6～ 9	シャッフルボード		2～ 3
フェンシング		6～ 9＋	スケート(アイススケートまたはローラースケート)		5～ 8
フィールドホッケー	8.0		スキー(雪上)		
釣　り			滑降		5～ 8
堤防からの釣り	3.7	2～ 4	距離スキー(クロスカントリー)		6～12＋
小川にはいっての釣り		5～ 6	水上スキー		5～ 7
タッチフットボール	7.9	6～10	そりすべり，トボガンぞり		4～ 8
ゴルフ			雪の上を歩く	9.9	7～14
自動車(カート)を用いたとき		2～ 3	スカッシュ		8～12＋
歩き(バッグを運ぶまたは バッグを引きながら)	5.1	4～ 7	サッカー		5～12＋
			はしご登り		4～ 8

ハンドボール(壁にボールをぶつけあうゲーム)		8～12＋	水　泳		4～ 8＋
ハイキング(クロスカントリー)		3～ 7	卓　球	4.1	3～ 5
乗　馬			テニス	6.5	4～ 9＋
ギャロップ	8.2		バレーボール		3～ 6
トロット	6.6				
歩行	2.4				
蹄鉄投げ		2～ 3			

(American College of Sports Medicine：Guidelines for graded exercise testing and exercise prescription, Lea & Febiger,1980)

表3-3-2　各種目のエネルギー消費量（平均値±標準偏差）.

種目	性別	エネルギー消費量 (kcal・kg $^{-1}$・min $^{-1}$)	エネルギー消費量 (kcal)	内容	n	運動時間（分）
バドミントン(競技者)	女	0.126 ± 0.029	54.0 ± 5.8	シングルス１セット	6	8.5 ± 1.9
バドミントン(競技者)	男	0.162 ± 0.025	298.3 ± 35.8	シングルス１セット	10	16.5 ± 4.5
バドミントン	男	0.130 ± 0.018	113.1 ± 36.7	シングルス１セット	13	12.8 ± 4.0
バスケットボール(競技者)	男	0.110 ± 0.017	504.2 ± 101.6	20分ハーフ×２	10	49.3 ± 4.6
ボウリング	男	0.055 ± 0.009	132.8 ± 26.1	２ゲーム	13	35.0 ± 3.1
ゴルフ	女	0.056 ± 0.001	357.9 ± 38.6	ハーフラウンド	5	110.2 ± 7.5
ゴルフ	男	0.064 ± 0.009	512.7 ± 53.1	ハーフラウンド	5	112.0 ± 11.2
ホースシューズ	女	0.060 ± 0.007	32.2 ± 6.1	１ゲーム（40投）	10	9.6 ± 1.4
サッカー(競技者)	男	0.173 ± 0.022	1,153.7 ± 212.6	45分ハーフ×２	4	90.0 ± 0.0
ソフトテニス(競技者)	男	0.130 ± 0.029	87.7 ± 47.7	１セット	14	10.2 ± 4.2
卓球	男	0.089 ± 0.019	68.2 ± 13.7	シングルス２セット	13	11.2 ± 1.1
テニス(競技者)	男	0.112 ± 0.022	163.8 ± 55.8	ダブルス１セット	10	23.0 ± 4.8
テニス	男	0.096 ± 0.014	195.9 ± 75.8	ダブルス１セット	13	28.5 ± 7.8
バレーボール(競技者)	女	0.126 ± 0.020	205.3 ± 52.9	１セット	9	25.6 ± 4.9
バレーボール(競技者)	男	0.102 ± 0.018	207.8 ± 61.8	１セット	8	29.0 ± 7.1
ラジオ体操	男	0.063 ± 0.009	30.4 ± 4.9	第１第２連続	13	7.0 ± 0.0
サーキットウエイトトレーニング	男	0.091 ± 0.005	108.5 ± 10.3	10種目10回２セット	13	18.0 ± 0.0

（高見：スポーツ活動時のエネルギー消費量の測定. 体育の科学　48：393, 1998）

なお，エネルギー消費量を求めるにあたって，このような表を用いることは，他者の測定値を用いる，いわゆる間接法になる．したがって，エネルギー消費量を測定する，とは言わずに推定するというのが正しい表現である．

2 最大下水準に基準を置く強度

1．ステップテスト

1943年にアメリカで考案されたのがステップテストの始まりである．踏台の昇降運動後に心拍数を求め，それより判定指数を求める方法である．わが国では原法より台高を低くし運動時間を短くして文部省（現，文部科学省）のスポーツテストとして行われていた．しかし，この方法には後述する最大酸素摂取量との関連性が低いこと，フィールドでの心拍数計測に問題があることなどからその妥当性が疑問視されていたが，文部科学省の新体力テスト（2000）では廃止された．

2．PWC170

ステップテストとほぼ同時代に考案されたのがPWC170である．PWC170とは心拍数が170拍/分の時でのphysical working capacity（身体作業能）の意味である．心拍数が170拍/分とは，青年が全身持久運動を継続できる最高運動強度と考えられている．PWC170の測定は自転車エルゴメータを用いて，漸増する3つの強度を各4分，計12分を連続的に負荷して，心拍数が170拍/分の時の負荷強度を求める方法である．この方法の問題点は，加齢とともに最大心拍数が低下することを考慮しなかったことである．青年であれば最大心拍数は190～200拍/分であるから，心拍数が170拍/分の時は有酸素運動であるとの意味がある．しかし，50～60歳ともなれば最大心拍数は170拍/分ほどとなってしまうので，PWC170は疲労困憊時の運動強度となり，その強度指標の意味は本来の目的とは異なったものとなってしまう．

3．PWC75% HRmax

上述したPWC170の短所を改善したのがPWC75% HRmaxである．各年齢での推定最大心拍数の75%にあたる心拍数での運動強度を求めることにより全身持久力を評価する方法である．これは，小型コンピュータを自転車エルゴメータに組み込むことにより可能となった方法である．測定対象者を広くするために，運動強度の設定はPWC170よりは低く，また各負荷時間は3分と短くなっている．なお，この評価値より後述する最大酸素摂取量を推定できるが，組み込まれている推定式の問題もあり，スポーツ選手の最大酸素摂取量を求めるにはこのような間接法によらないほうがよい．

3 最大水準に基準を置く強度

1．最大酸素摂取量（maximal oxygen intake：$\dot{V}O_2max$）

(1) その意義と測定

全身持久力を求めるうえで，世界的にもっとも信頼され他の測定法の基準となっているのが最大酸素摂取量である．最大酸素摂取量は図3-3-2に示したように，運動強

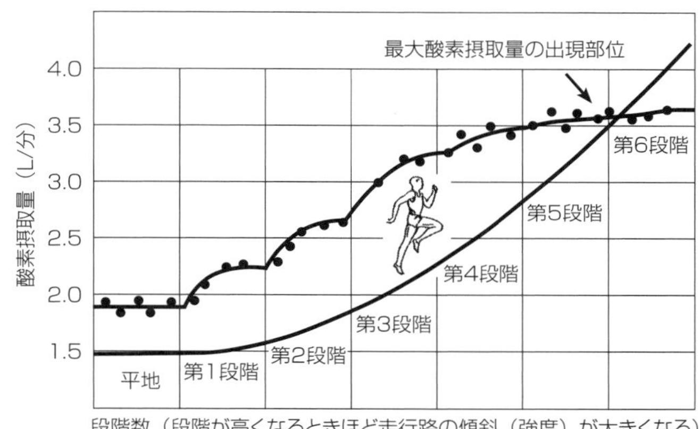

図3-3-2　最大酸素摂取量の出現と測定方法.
（McArdleら，田口ら監訳：運動生理学，杏林書院，1992）

度を高めていっても酸素摂取量が増加しない上限値であって，有酸素性エネルギー供給機構の最大能力を示していると考えられる．一般にはトレッドミルか自転車エルゴメータを用いて，数分から十数分かけて疲労困憊にさせるような運動を行わせて測定をする．測定では，高強度で被検者を疲労困憊にさせるので，その安全管理には十分に配慮しなければならない．

(2) 測定値の解釈

得られる最大酸素摂取量の値については，測定に用いた運動様式が問題となる．最大酸素摂取量は酸素の消費の場である筋量を反映する．したがって，測定時にどの程度に筋が運動に参加したかによって値が異なる．一般には，トレッドミル走にて測定を行うが，トレッドミルでの測定値を100とすると自転車エルゴメータでの値はほぼ90である．しかし，スポーツ選手によってその関係が異なり，スポーツとして慣れ親しんだ動きができる負荷装置での測定値が大きくなる傾向にある．例えば，水泳選手では回流水槽（ウォーターミル）での，自転車選手では自転車エルゴメータ（競技用に改良し，回転数も上げる）での値が他の装置よりも大きくなる．一方，肥満者や下肢の弱い者には，体重を支えることのできる自転車エルゴメータが適している．

最大酸素摂取量の表示は，1分間あたりの摂取量で表す（L/分）場合と，体重1kgあたり1分間あたりの摂取量で表す（mL/kg/分）場合とがある．前者はからだの大きさ，特に筋量の多少が大きな意味を持つ．後者はからだの大きさを消去した指標となり，5000mのタイムといったフィールドでの成績を表すには適している．一般的には，全身持久力評価との関連で後者が用いられることが多い．

図3-3-3に日本人一流スポーツ選手の最大酸素摂取量を示したが，一般青年では男子が3L/分で，体重あたりでは50 mL/kg/分が平均的であり，女子は2L/分，40 mL/kg/分である．なお，世界全体では，スポーツ選手個人の値としての最高値は男子では7.77L/分あるいは94 mL/kg/分といった値が報告され，女子では4.72L/分，80 mL/kg/分とのことである．

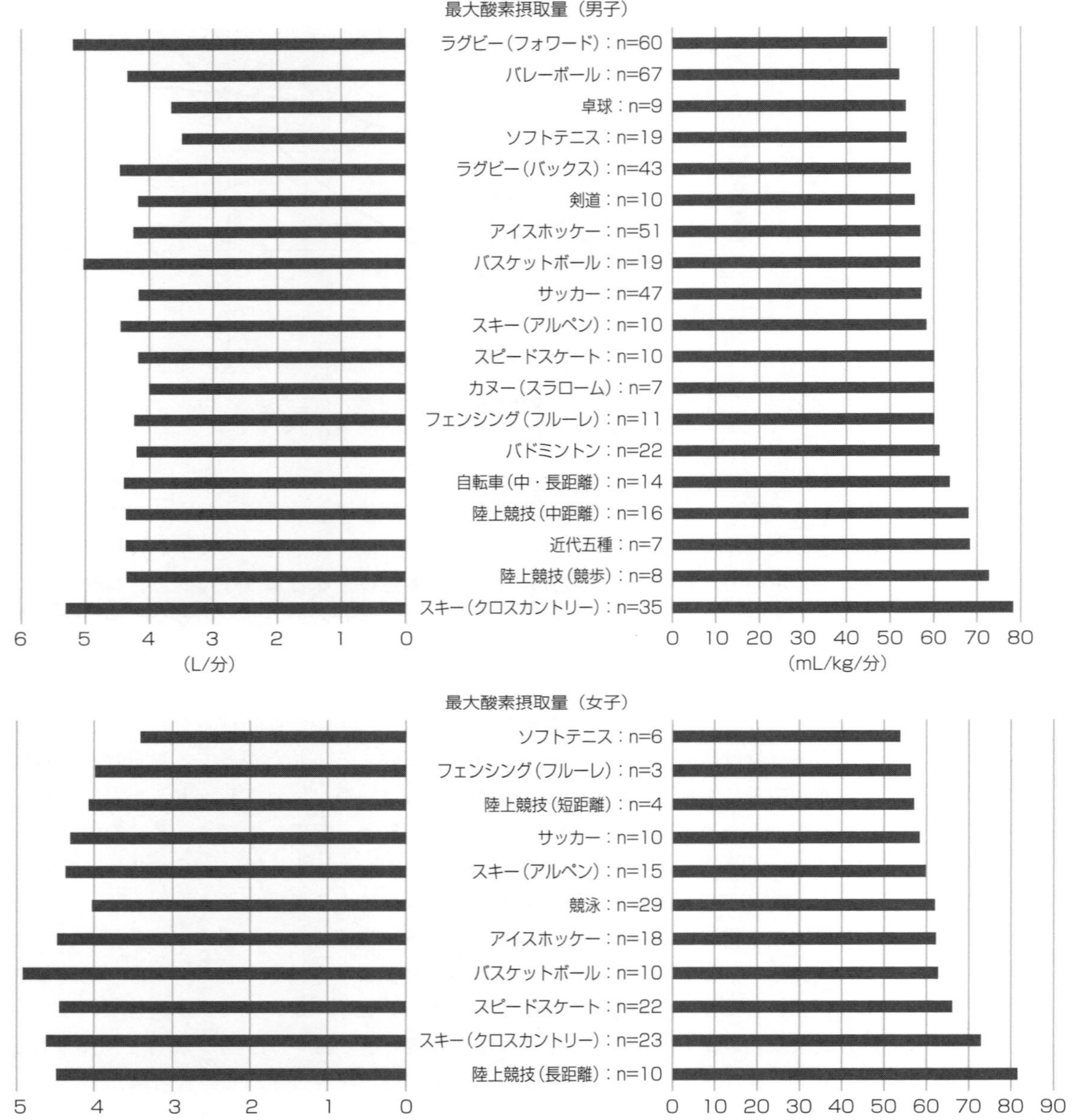

図3-3-3　日本人一流競技選手の最大酸素摂取量.
（国立スポーツ科学センター：国立スポーツ科学センター形態・体力測定データ集2010，2012より引用改変）

2. 最大酸素摂取量に基準を置く強度

(1) 酸素摂取水準（% $\dot{V}O_2max$）

最大酸素摂取量を100％として，ある運動中の酸素摂取量の割合を酸素摂取水準（% $\dot{V}O_2max$）という．この強度指標は，体力の異なる者の生理学的反応を比較したり，

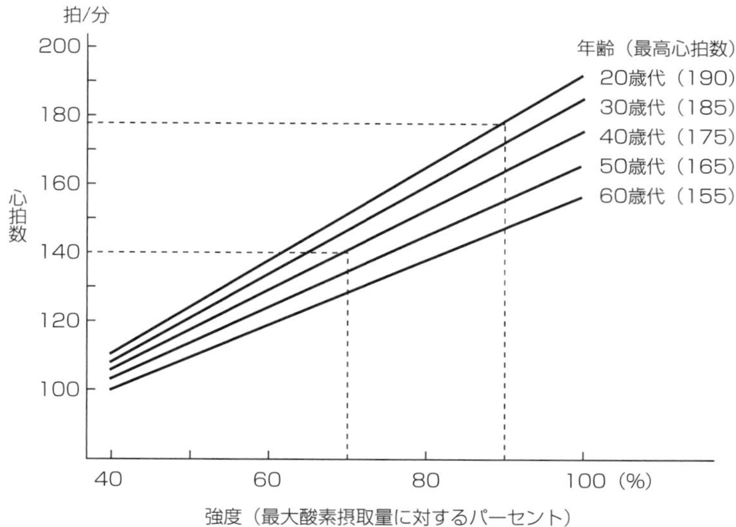

図3-3-4　年齢別に見た運動強度と心拍数との関係.
（体育科学センター編：健康づくり運動カルテ，講談社，1976）

普遍的なトレーニング強度を設定したりするうえで極めて重要である．例えば70% $\dot{V}O_2max$の強度といえば，体力に差異があるにしても個人ごとの生理的負担度は70%ということになる．したがって，酸素摂取水準は体力，性，年齢の違いを包含する普遍的強度指標と考えられ，トレーニングプログラム作成にあたってはなくてはならない指標となっている．しかし，この測定には労力と費用が少なからず必要とされること，またそれだけではエネルギー消費量に換算できないことが欠点といえば欠点である．なお図3-3-1では，最大酸素摂取量を3L/分としてあるので，ジョギングの酸素摂取水準は50% $\dot{V}O_2max$になる．

（2）心拍数（heart rate：HR）

酸素摂取水準に比べ，測定が簡単なのが心拍数である．心拍数は1分間あたりの心臓の拍動数として表される．近年では強度指標として広く用いられているが，その背景は酸素摂取水準の簡便法にある．図3-3-4に示したのは年齢層ごとの心拍数–酸素摂取水準の関係式である．このように心拍数は，酸素摂取水準を極めてよく反映するうえ，この関係式では性，体力水準を考慮に入れる必要はないことから利便性の高い強度指標である．しかし，図中に示したように最大心拍数（HRmax）は年齢とともに低下するので，年齢に応じた関係式を用いる必要がある．また，水中での心拍数は，同じ酸素摂取水準であっても陸上での運動に比較して約10拍/分少なくなる．水泳中の運動強度を，図3-3-4の関係式を用いて心拍数より推定する際には，このことに注意を払う必要がある．さらに図3-3-4で注意することが2つある．ひとつは心拍数が100拍/分以下では運動強度の推定精度が不十分となること，もうひとつはこうした関係式は定常状態の運動において有効になるということである．すなわち，一定スピードで行うウォーキングやジョギングに適用するにはよいが，サッカーやバレーボール

表3-3-3　RPEの日本語表示法（英語はBorgによる表示法）.

	英　語	日本語
20		
19	very very hard	非常にきつい
18		
17	very hard	かなりきつい
16		
15	hard	きつい
14		
13	somewhat hard	ややきつい
12		
11	fairly light	楽である
10		
9	very light	かなり楽である
8		
7	very very light	非常に楽である
6		

（小野寺・宮下：全身持久運動における主観的強度と客観的強度の対応性．体育学研究　21：191，1976）

のように運動中に頻繁に運動強度が変化するスポーツへの適用には推定精度の点で問題がある．

なお，心拍数を強度指標として用いる上で，最大心拍数から安静時の心拍数を差し引いて求める心拍数予備（heart rate reserve：HRR）という強度指標がある．わが国ではあまり用いられてはいないが，欧米諸国では用いられることが多い．

(3) 主観的作業強度（rating of perceived exertion：RPE）

上述した酸素摂取水準も心拍数も生理学的運動強度であるが，全身持久運動中に感ずる精神的負担度を主観的に数値で表す方法として主観的作業強度がある．わが国においては，主観的作業強度の日本語表示の検討がなされ，表3-3-3に示した日本語の表示法が適していることが明らかにされた．スケールが6～20と，少し戸惑う表示であるが，この数値を10倍すると青年の心拍数に相当する．また，この心理学的運動強度である主観的作業強度は生理学的運動強度である酸素摂取水準と高い相関関係にあることが確かめられている．

3．血中乳酸濃度に基準を置く強度

スポーツ選手の全身持久力を評価する指標として頻繁に用いられているのが血中乳酸濃度である．血中乳酸濃度と運動強度とは図3-3-5に示したような関係にある．血中乳酸濃度は，単純化して考えると乳酸が血液に入ってくる量と血液から出ていく量との差でおおむね決まると考えることができる．乳酸が血液に入ってくる量は，運動中であれば筋肉で作られた乳酸の量で決まり，血液から出ていく量は，心筋や遅筋線維などで使われる乳酸の量が大きく影響する．乳酸（Lactic Acid）は，多く生ずると筋細胞内を酸性化させるが，血中ではすぐに中和されて乳酸塩（Lactate）となりミトコンドリアで酸化されてエネルギー源として利用される．

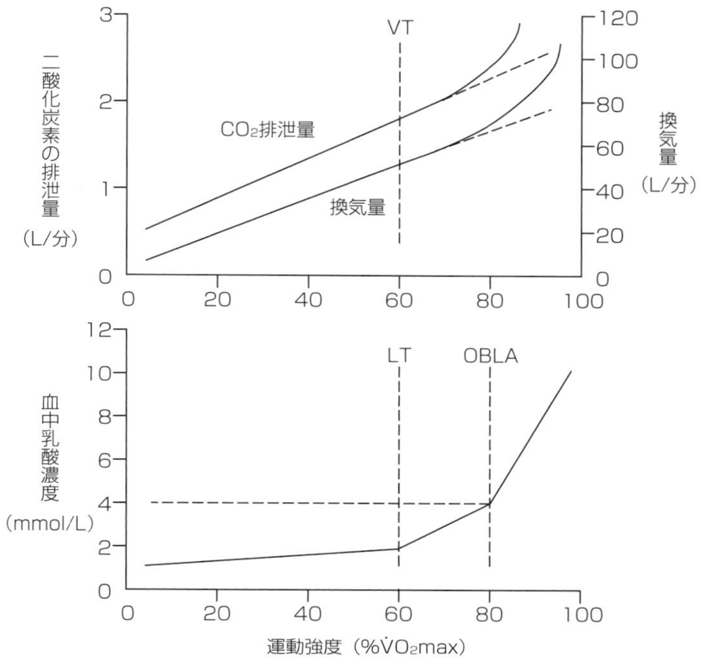

図3-3-5 漸増運動負荷テストにおける呼気ガスおよび血中乳酸濃度の変化.
VT (ventilation threshold)：換気性作業閾値
LT (lactate threshold)：乳酸性作業閾値
(勝田編：入門運動生理学，杏林書院，1997)

以下に述べるLT（Lactate Threshold）やOBLA（Onset of Blood Lactate Accumulation）は，一般的には走運動や自転車こぎ運動での漸増負荷テストで求める．しかし，泳運動やローラースキーを着用してトレッドミル上を走行する運動，というようにスポーツ選手の専門性に合わせて測定することが望ましい．いずれの測定方法も採血をしなければないが，走運動や泳運動では，採血のたびに運動をやめる必要があるものの，自転車こぎ運動では運動を継続したまま採血をすることが可能である．また，LTやOBLAを求める際の血中乳酸濃度の測定には，簡易的な測定機器を用いることが多い．

(1) LT (Lactate Threshold)

運動を行うと，ある運動強度を境にして急激に血中乳酸濃度があがり始める．この運動強度を乳酸性作業閾値（LT）と呼ぶ．LT以下の強度において血中乳酸濃度は，ほぼ安静と同じレベルである．これは乳酸の産生量と除去量がほぼつり合っている状態であることを示している．LTよりも強度が高い運動になると，脂肪よりも糖からより多くのエネルギーを得るようになり，酸化によって使われる血中乳酸の量よりも筋肉で作られる乳酸の産生量が増えることによって，血中乳酸濃度が高くなる．LTをもたらす主な原因は糖分解の亢進である．糖分解を高める原因には，運動強度の増加によってより多くの数の速筋線維が動員されることや，糖分解を高めるホルモンである血中アドレナリン濃度の上昇が関係していると考えられている．LTは，糖の分解が高まり乳酸の産生が多くなる閾値であり，筋の代謝による変化が大きく影響していることから，筋の酸化能力の指標として用いられている．LTが高いということは，筋の酸化能力が高く，脂肪を多く利用して運動を行うことができる能力が高いということである．

(2) OBLA（Onset of Blood Lactate Accumulation）

OBLAとは血中乳酸濃度がおおむね急増し始める4mmol/Lの時の運動強度のことで，OBLAは文字通り血中乳酸の蓄積が始まる強度である．OBLAを超える強度となると，無酸素性エネルギー供給機構の参画が顕著となる．マラソン選手がおおむねOBLAで走行していることからわかるようにOBLAは有酸素運動を継続できる最高強度といえる．

4章 トレーニングとその効果

[1] トレーニングとは

トレーニングは，人が一層の向上を目指して自分自身に負荷を与えることである．精神的に極めて高度な働きが背景にはあると考えられる．他の動物，例えば犬や猫がより速く走ったり跳びあがったりできるように自分達自身でトレーニングをする，といった話は聞いたことはない．人が調教して，その能力を引き出すことはあっても，犬や猫がその目的を自分自身の向上のためであると理解し訓練を受けているとは思えないのである．

さて，トレーニングは人の組織や器官の形態や機能に変化を与えて初めて効果があったということができる．人類は様々な自然環境に適応し，その形態と機能を変化させてきたが，トレーニングは人為的に設定された新しい環境への適応である．そのためには日常的な生活を送るのでは全く不十分であり，心身ともにつらい状態を継続することが要求される．トレーニングには強い意志や周りからの励ましや指導が不可欠である．

1　発育・老化へのトレーニングの効果

人の形態も機能も発育とともに向上し男子では20歳頃，女子では15歳頃にピークに達し，30歳頃からは減衰傾向を示す．このような発育・老化傾向であるが，適切なトレーニングを行うことで一般的な傾向に修正を加えることができる．図4-1-1に示したのは，全身持久力の代表的指標である最大酸素摂取量にみるトレーニングの効果である．男女とも12歳からトレーニングを始めた者は，その年代の平均を上回る最大酸素摂取量を示すことになる．しかし，トレーニングを止めれば平均に戻ってしまう．一方，長期間にわたって長距離走のトレーニングをしている者は，平均を大きく上回っている．このように発育期に適切なトレーニングをすることにより通常以上の発達が可能である．

発育期の効果的なトレーニングの順序としては，早生や晩熟にかかわらず，神経系，酸素運搬系，そして筋系に重点を置いて実施すると良い．大澤（2015）は，トレーニ

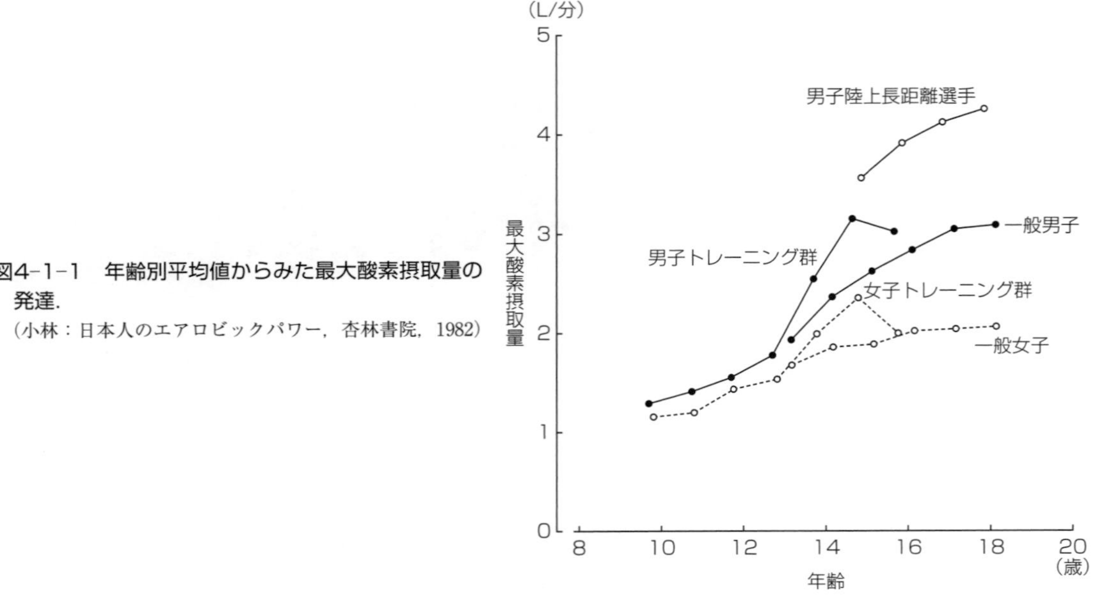

図4-1-1　年齢別平均値からみた最大酸素摂取量の発達.
（小林：日本人のエアロビックパワー，杏林書院，1982）

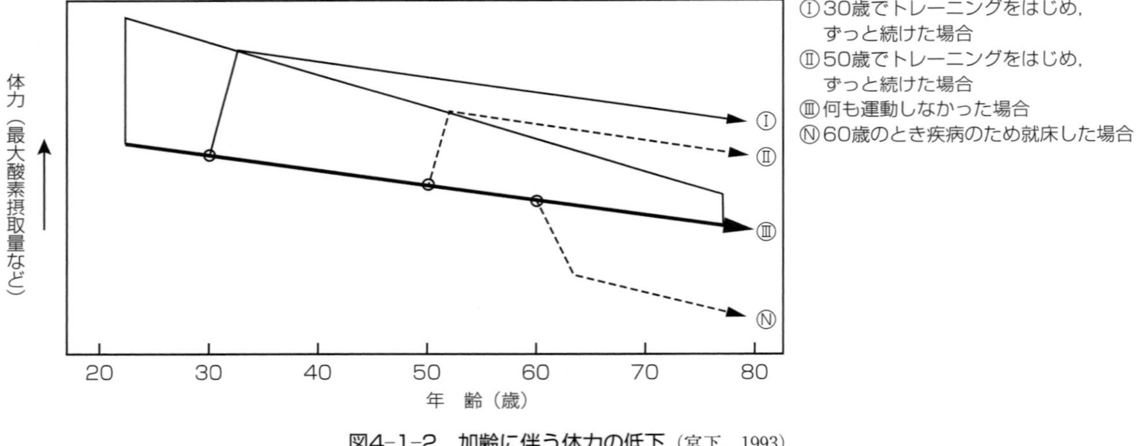

図4-1-2　加齢に伴う体力の低下（宮下，1993）

ング開始時期をもっとも体力が発達する時期と考え，文科省新体力テストを解析することにより，握力について男子では10.6歳から14.9歳，女子では7.65歳から13.55歳を最適開始時期と報告している．また，他の体力については，これまでよりは早い時期となると指摘している．一方，中年以降においても，図4-1-2に示したように適切なトレーニングを行えば低下する体力を維持したり向上させたりすることができる．効果の程度には差があるにしても，性，年齢にかかわらずトレーニングにより体力を効果的に向上させることができる．

何らかの障害のある人に対しても，その障害の特性を考慮したトレーニングプログラムを組むことによって体力を向上させることはできる．加えて，日常生活で運動不足になりがちな障害者にとっては，障害者本人が日常生活において主体的にトレーニングを行うことにより生活機能を向上させる効果も期待できる．このことは，障害者にとって日常的にトレーニングに取り組むことが，リハビリテーションとしての意味があることを示している．

2 トレーニングの原則

トレーニングを行うにあたっての基本的考えが今日までいくつかまとめられてきている．そうした原則は必ずしも一致していないが，それはトレーニングに対する諸社会的背景の違いが影響しているからである．トレーニングの原則を理解するにあたっては，そうした原則には身体的原則以外に，時には時代や社会体制が反映されていることもある点に注意が必要である．身体的要素に関連する原則のみを挙げてみると以下のようになる．

① 過負荷

原則中の原則である．より大きな負荷を設定すること，その負荷に適応することこそがトレーニングである．

② 漸進性

漸増性，ともいう．トレーニングを行う際には量を徐々に増やしていくことである．

③ 反復性

繰り返しトレーニングを行うことである．これには休憩と休養が重要な鍵となる．

④ 個別性

個人ごとの性，年齢，体力水準などを考慮してトレーニングの内容を吟味することである．

⑤ 可逆性

トレーニングで高められた体力は，トレーニングを止めることで減衰していくことである．

⑥ 特異性

特殊性ともいう．トレーニングで行った運動様式に即した身体的部位や機能が鍛えられることである．

3 トレーニングの原理と３条件

トレーニングを行う基本的原理は過負荷（over load）を与えることである．日常の生活では経験できない状況を設定して初めてトレーニングの意義がある．図4-1-3に示したのは，筋力トレーニングにおける負荷強度とその効果との関係である．古典的な研究成果ではあるが，トレーニングの本質を示す概念図として今もって引用されている．これによれば，日常的に発揮している筋力は最大筋力の20～30％であって，その状態では筋力が増強されることもなければ減弱することもない．筋力を増強したければ日常の生活では発揮することのない30％以上の筋力発揮が必要である．50％以上では増加量は増えないので，最適強度は40～50％である．一方，病気にでもな

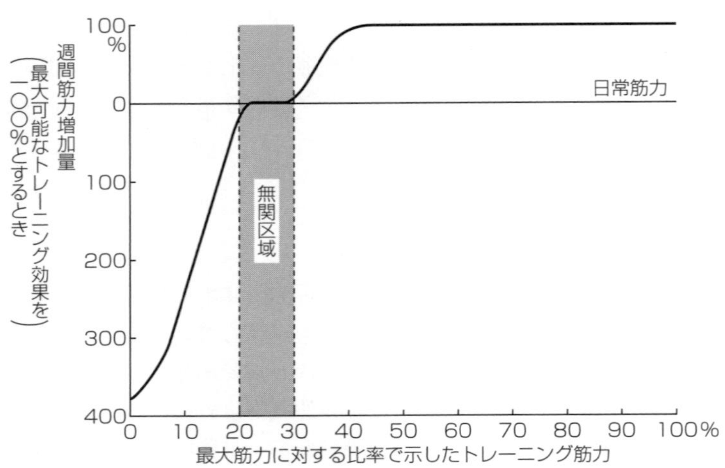

図4-1-3　筋力トレーニング効果と筋力の関係.

(Hettinger & Müller: Muskelleistung und muskel training. Int. Z. angew. Physiol. Einschl Arbeitphsiol 15: 111, 1953)

り身体活動が低下した際には発揮する筋力も減少し，マイナスのトレーニング効果，すなわち筋力に減弱をもたらす.

過負荷を設定する際の条件として強度，時間，頻度の3つがあげられている．強度とは運動の強さであり，時間とは一度に継続する運動の時間であり，頻度とは繰り返す回数であるが一般には週あたりのトレーニング回数のことである．なお，トレーニング内容によっては時間に替わって回数とすることがある．この3条件を組み合わせることにより，最適のトレーニングプログラムを作成するのであるが，トレーニングを継続することにより体力が向上するので，ある期間トレーニングを続けたら改めて体力測定を行い，新たな体力に見合ったトレーニングプログラムを作成することが不可欠となる．すなわち，新しい過負荷の設定である.

特に注意しなければならないのは体力水準の低い者への配慮である．初期水準が低いために短期間で大きな効果が出るので，負荷の設定には頻繁な観察が必要となる．一方，体力水準の高い者のトレーニング効果は小さい.

4　運動の特異性

運動もスポーツもその内容が吟味されずに，一括して論議されることが少なくない．例えば，運動は体に悪いとか運動は体に良い，といった短絡的な結論である．運動にしてもスポーツにしても，やり方次第で効果の様相も様々であるにもかかわらず，なかにはストレッチ体操もジョギングも同じ運動である，といった捉え方さえする者もあるほどだ.

トレーニングも同じことで，その目的によって薬ともなれば毒ともなるし，また，全く意味を成さないこともある．トレーニングを考える場合，まず大切なのはどのような体力を鍛えるのか，といったトレーニングの目的を明確にすることである．そして，その向上に適切な運動を選択することである．また，運動のやり方にも注意しなければならない．例えば，わが国においては「走る」という運動である．しかし，単一の言葉であるがその内容は多様である．英語では「走る」といってもjog，run，sprintというように走り方は分けて理解されている．日本語で「走る」といっても，英語に違いがあるように，そのやり方と効果は異なる．

また，全身持久力を向上させる目的で勧められている運動は歩行，走行，水泳，自転車こぎが一般的である．しかし，その効果は厳密には同じではない．運動様式が異なるからであり，その結果，基本的な差異として，用いられる筋が違うし，同一の筋であっても活動の様相が違うのである．浅見ら（1975）はこの問題について，3カ月間にわたる全身持久力のトレーニングの効果を，トレッドミル走と自転車こぎで行った者とを比較し検討している．効果判定の測定は最大下運動は自転車こぎで，最大運動はトレッドミル走でのオールアウト走とグラウンドでの12分間走テストを行った．その結果，トレッドミル走でトレーニングした者は最大酸素摂取量と12分間走では効果がみられたものの，自転車こぎ運動では明確な効果はみられなかった．一方，自転車こぎ運動でトレーニングした者は最大下運動では効果がみられたが最大運動では効果はみられなかった．

このように，ある体力の向上のためにトレーニングを行うといっても，トレーニングで用いた運動様式での効果が顕著になるという，運動の特異性がみられるのである．したがって，水泳選手は水泳で，陸上選手はランニングで全身持久力を向上させるのが最善の運動様式である．

さて，トレーニングの基本的条件として提示されているプログラムの内容についてであるが，それは健康な青年を対象として得られた結果をもとにしていることが多い．今日のように，運動やスポーツが健康づくりの手段として用いられるようになると，年齢や運動履歴が様々である者を対象とすることになる．本書では，そこまで述べる余裕はないが，具体的なトレーニングプログラムを作成するうえでは，対象者の性，年齢，運動履歴，身体状況などを配慮した内容とすることが不可欠である．また，近年スポーツに取り組む障害者も増えてきているが，そのような者には，原因疾患，現有障害なども考慮した上で，個人にトレーニングプログラムの作成が重要である．

[2] 神経系への効果

できないことができる，これはトレーニングを行った時の最大の喜びである．なかでも技術に関する動きの改善での達成感は何にも代え難い喜びである．近年，脳・神経分野での研究の進展は目覚しいものがあるが，運動やスポーツへの応用となるとまだまだ道は遠いようだ．運動やスポーツの技術が個々の筋の力と時間的調節に加え，他の筋との相互の関係により成り立ち，しかも，こうした調節のほとんどは無意識下で行われる．このように，技術が理性や理屈を越えた，いわゆる感性と称される領域での存在であるために，他者に問題点や修正ポイントを正確に伝えることはなかなか難しい．この分野は依然として，現象面からの解析とならざるを得ないのであろう．「やって見せること」は，この分野では極めて重要な意味を持つ．

なお，本書では「技術」との用語を使うが，同様あるいは近似する概念として「技能」または「スキル：skill」も用いられている．

1 技術トレーニング

技術，とはいいにくいがスポーツで最も難しいと考えられるのは，相手や味方のプレイヤーの動きを予測することである．いずれはこの領域での脳・神経生理学が発展するものと期待している．ここでは個人内での技術の向上について，心理学で運動学習（motor learning）という名で昔からいわれてきた局所運動でのトレーニングの原理を，全身運動へ応用できるものとして，脳・神経生理学者の大築（2020）に従って以下にまとめる．

① 反　復

ある動きができたからといって身についたわけではない．疲労しすぎない範囲でくり返し行うことが大切である．

② 動機づけ（motivation）

ある意味では未来予測の能力が必要である．トレーニングをしていることがどのような意味を持ち，またどのような形で達成されるかを認識することで効果は大きくなる．はっきりした目的意識を持つことで練習効果を長くできる可能性がある．

③ 休　憩

練習こそ技術向上の鍵とばかりに集中して練習を続けることが競技者には往々にしてみられる．しかし，練習を休んだにもかかわらず成績が向上することがあるが，この現象をレミニッセンス（reminiscence）という．気分転換は技術の向上に効果がある．

④ オーバーラーニング（over learning）

上述した「反復」にも関わることであるが，ある目標を達成できたからといってすぐトレーニングを止めては効果は減少する．ある基準に達してからも続けてトレーニングを行うことをオーバーラーニングという．オーバーラーニングにあたってはトレーニング内容を十分に注意する必要がある.

⑤ メンタルプラクティス (mental practice)

大築 (2020) によれば, メンタルプラクティスとは, 習得しようとする動作を自分がそれを今行っているつもりになって頭の中に描くことによって, パフォーマンスを向上させる方法, とのことである. メンタルリハーサル (mental rehearsal) と呼ばれることがある. 特にメンタルプラクティスは, イメージを描きやすいステレオタイプ型の技術練習には効果はある, とのことである. 一方, わが国で広く用いられるイメージトレーニング (image training) は, 欧米では心理訓練のひとつを指す言葉であって, ここでいうメンタルプラクティスとは異なる概念で用いられる, と指摘している.

いわゆるイメージトレーングは, スポーツ技術のトレーニング方法として, 今では一般にもよく知られている. この方法は, 実際に体を動かすことはしないで, 運動やスポーツの場で体を動かすことをイメージすることである. しかし, 未経験者や初心者がトップクラスの優れた動きをイメージすることはほとんど不可能であろう.

⑥ 転 移

身につけた技術が, その後の新しい技術の習得に影響を与えることを転移という. プロ野球選手はゴルフがすぐに上手くなる, といった話はよく知られている. その反面, 身についた技術が災いし新しい動きの習得をかえって遅らせる, といったマイナスの効果もある.

⑦ フィードバック (feedback)

スポーツをする自分の動きを映像で見て, 想像していた動きとは違う動きをしていることに驚くことが少なくない. しかし, 映像から自分の動きを分析, 修正し, 動きを改善することができる. 特に, 動きの高い再現性を必要とする運動ではフィードバックは有効な方法である.

2 技術の解析

中枢神経系での改善の様子を明らかにできれば最善であるが, 現在ではほとんど不可能である. 今日まで, 運動やスポーツの研究分野で用いられてきている技術の解析手法は映像解析と筋電図解析である. なお, 筋電図解析では筋電図の測定に同期させて映像や力の発揮を記録するのがふつうである.

1. 映像で見る動きの解析

図4-2-1に示したのはボウリングを5回投球させた時のボウルの動きを重ねあわせたものである. 一流選手ではほとんど同じ軌跡を描いているが, 未熟練者では軌跡に大きな散らばりがみられる. 映像からの解析手法は今では極めて一般的になっているが, こうした結果からの理解は以下のようになろう.

一流選手に動きの再現性が高い背景には, それに関わる多くの筋が毎回同じ順序で, 同じ力で, 同じ時間, 同じタイミングで活動しているはずである. そして, その背景にある中枢神経系には, こうした動きをコントロールする安定した固定された神経回路があるはずである. 一方, 未熟練者には, 動きを模索中のために合理的な固定され

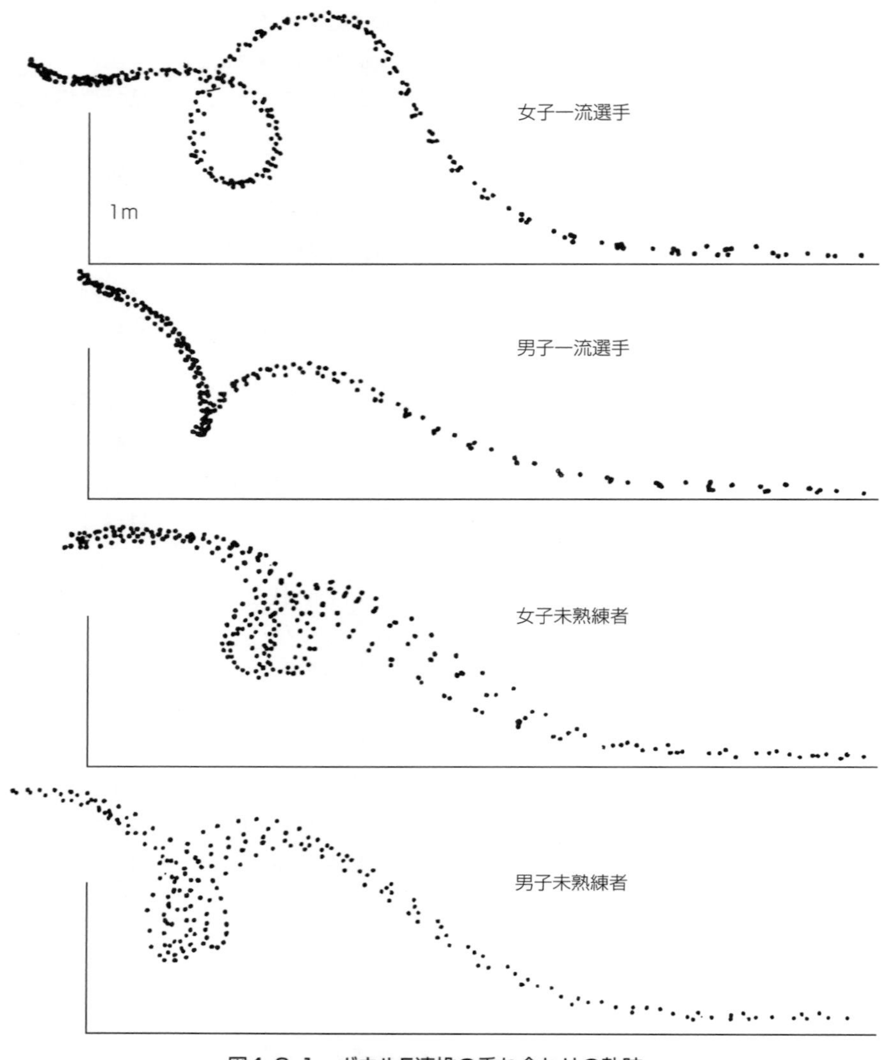

図4-2-1　ボウル5連投の重ね合わせの軌跡.
（全日本ボーリング協会編：公認コーチテキストブック—ボーリング専門教科—，1985）

た神経回路はない．映像からはこのような解釈をして中枢神経系での神経回路の存在を推定する．

2. 筋電図で見る動きの解析

動きの解析での映像研究を一歩すすめたのが筋電図解析である．映像解析だけではどうしようもできない点は，筋の活動度が全く分からないことである．例えば，投球時に腕に力が入っているのかいないのか，肩に力が入っているのかいないのかは映像では分からない．筋の働きまで含めて動きを解析するには，筋電図を映像に同期させて解析しなければならない．図4-2-2に示したのはゴルフスウィング中の筋電図で，上段が熟練者で下段が未熟練者である．熟練者では左腕に比べて右腕全体が強く活動

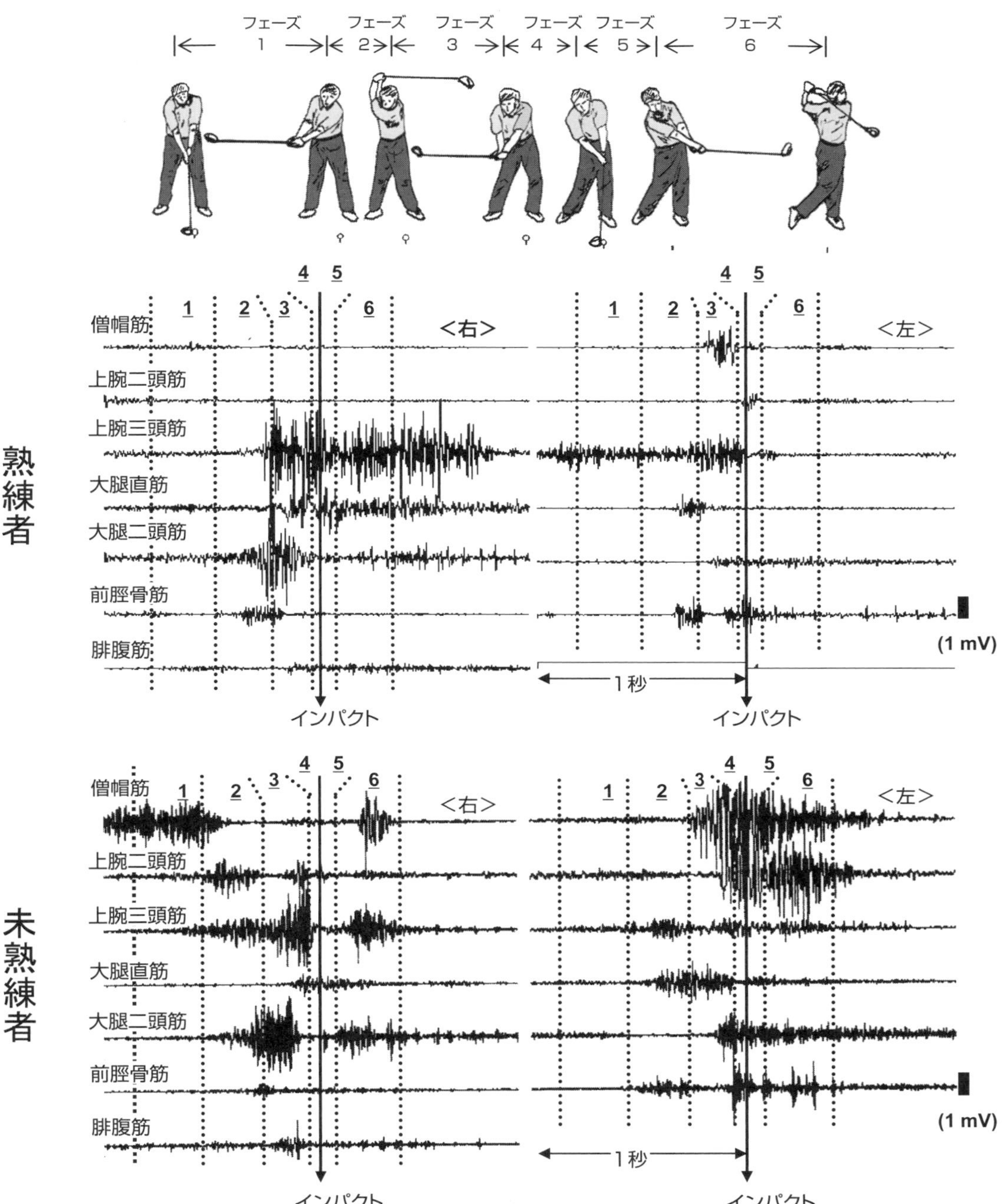

図4-2-2 ゴルフスウィングの筋電図.（朝日大学 山本英弘教授の御厚意による）

していることが分かる．肩には力が入らず，肘の伸展では拮抗筋になる上腕二頭筋がリラックスし上腕三頭筋の活動を妨げることはない．さらに上腕三頭筋の活動が，インパクト直前の短時間に集中して行われている．これに対し，未熟練者では多くの筋に持続的で活動度の高い放電が見られることが多い．特に左側の僧帽筋および体肢で顕著である．スウィングがいわゆる「肩に力が入っている状態」にあることが分かる．なお，外観は同じようにみえる熟練者のスウィングであっても筋放電パターンが同じということはない．また，熟練者と未熟練者では，下肢への体重の配分が全く異なることも圧力盤からの測定で明白となっている．

筋電図は直接の作用部位である筋の活動を測定するのであるが，同時に中枢神経の興奮を反映している．このような筋電図の測定によって中枢神経での神経回路の働きを見ることになる．しかし，スポーツ研究では，皮膚表面からの筋電図測定しかできにくいので，深部にある筋など，動きに関わる筋を網羅的に測定することの限界は大きい．したがって，動きに関連する神経回路の有り様の全てを知ることは現時点では不可能といえる．中枢神経系に視点を置いた技術解析の道は遠い．

3 神経系の改善

技術が熟練者と未熟練者とでは明らかに違うこと，また，トレーニングを行えば技術は上達することは，中枢神経あるいは中枢神経系のどのような変化によってもたらされるのであろうか．この点が最も知りたいのであるが，希望に答えられる測定手法はまだない．

技術の改善，あるいは中枢神経に損傷を持った者の回復といったことで必ず話題にされるのはシナプスの可塑性である．シナプスの伝達効率は刺激頻度が高くなると増大する．用いられる頻度の高い神経ほど刺激が伝わりやすくなる性質を神経はもっている．これをシナプスの可塑性という．可塑性の効果は長く続かないが，動きを長期間にわたって繰り返すことにより技術が固定することから，シナプスには形態学的な可変性があると考えられる．技術練習で同じ動きを繰り返し行うことは，それに関連する神経系を選択的に用いることになる．動きの技術の練習では，繰り返すことが不可欠である．しかし，一度身についた技術であっても微妙に変化していくことがある．一流のスポーツ選手であっても，客観的に動きを観察してくれるコーチが必要とされることから分かるように，こうした変化を自分自身で認識することは難しい．

なお，宮下（英三）(2000) によれば，シナプスの可塑性に基づく大脳皮質運動野での機能地図が再構築される一般法則は以下のように考えられている．

① 練習した運動が表現されている領域が拡大するとともに，練習した運動に関連しない隣接する領域は縮小する．

② 練習した運動の体部位に隣接しない領域では，再構築は生じない．

③ 練習しないと元にもどる．

技術について中枢神経系での改善は以上のように考えられているが，末梢神経系ではどうであろうか．末梢神経の改善といっても考えられるのは刺激の伝導速度が早まることであろう．しかし，末梢神経である尺骨神経での伝導速度を調べてみても運動の熟練者と未熟練者との間では差がみられなかった．トレーニングをしても末梢神経での改善はないものと考えられる．

[3] 筋系への効果

筋への影響はウエイトトレーニングだけではなく，後述する全身持久性トレーニングでも勿論あるのであるが，ここではウエイトトレーニング，筋持久力および筋パワーに限定してその効果をまとめる．そもそも全身が関わる身体運動は，身体の諸器官が互いに関連を持ちつつ行われるので，ある部位だけが単独に独立して機能するわけではない．例えば，ジョギングにしても完全に有酸素性エネルギー供給機構だけで行われるものではない．筋にしても，肘の屈曲運動が上腕二頭筋，上腕筋，腕橈骨筋（わんとうこつきん）だけでなされるものではなく，それを支持する肩や体幹の筋などが必然的に関与している．ウエイトトレーニングも単に筋機能を向上させるだけでなく，対象者によっては酸素運搬系への効果もみられることもある．

1 ウエイトトレーニング

1．さまざまなトレーニング方法

2章［3］で述べたように筋の収縮様式は多様である．ウエイトトレーニングにおいては収縮様式に応じて様々なトレーニング方法が考案されてきている．古典的ではあるが今日においても評価されているのがアイソメトリックトレーニング（等尺性トレーニング），すなわち関節の動きのない静的トレーニングである．等尺性収縮を利用したトレーニング方法で，トレーニング器具をほとんど必要としない手軽さが依然として好評である．しかし，効果がトレーニング時の関節角度に限定される傾向があったり，動的トレーニングより効果が小さいためにスポーツ選手には好まれていない．

一方，現在では静的トレーニングに代わってトレーニングマシーンを使った動的トレーニングが主流である．こうしたマシーンは，かつては重りを持ち上げる構造のもの（等張性トレーニング）から，まさつ抵抗に打ち勝つ構造のものに変化することにより，近年ではウエイトトレーニングに代わってレジスタンストレーニングと称されることが多くなった．したがって旧来のマシーンでは重りを持ち上げるだけであったのが，コンピュータに制御されたレジスタンストレーニングマシーンでは持ち上げるスピードと抵抗を自由に変えることができる（等速性トレーニング）し，構造的には安全性が高くなっている．したがって，マシーンはスポーツ選手専用ではなく老若男女，様々な体力水準の者にも広く利用されている．しかし，こうしたマシーンは局部的な筋のトレーニングには適しているが，幾つかの筋の協応性を必要とする動きのトレーニングには適していないとの批判がスポーツ選手からはある．また，プライオメトリックトレーニングといって，筋の伸張性収縮と短縮性収縮を連続して行わせるトレーニング方法がある．例えば，台から飛び下り，着地時の反動を使ってジャンプする方法である．しかし，伸張性収縮を多用すると筋を損傷する恐れがあるのでそうしたトレーニング方法には注意が必要である．

2. トレーニングの条件

トレーニングプログラムについてはアイソメトリックトレーニングのものが良くまとまっている．以下に示したのはドイツの運動生理学者のヘッティンガー（1961）がまとめた最大のトレーニング効果を得るための必要にして十分な条件である．

・強度：最大筋力の40～50％

・時間：疲労困憊に至る時間の10～20％

・頻度：1日1回

なお，強度と時間は本章［4］に述べるように，相互の組み合わせが大切である．表4-3-1に示したのは，このトレーニング方法での様々な強度と時間との組み合わせである．

動的トレーニングについては，マシーンの種類が多いこともあって，その条件は多様であるが，旧来の重りを持ち上げるトレーニングで用いられるのがRM（repetition maximum）という強度指標である．重りを徐々に重くしていき，1回しか持ち上げることのできない重さを求め，その重さを1RMという．この重さを基準として10回繰り返して持ち上げられる重さ，すなわち10RMを求め，その重さをトレーニング強度とする方法である．

表4-3-2に示したのはマシーンを用いてのトレーニング方法である等速性トレーニングと等張性トレーニングおよび等尺性トレーニングについて，多面的視点からの優劣の比較である．これによれば全般的にみて，最も良いトレーニング様式は等速性トレーニングということになる．

表4-3-1 筋力トレーニングのための強さの条件と時間の条件．
（Hettinger & Müller：Muskelleistung und muskel training. Int. Z. angew. Physiol. einschl Arbeitphysiol 15：111，1953）

最大筋力に対するパーセントで示したトレーニング強度（％）	必要な筋収縮時間（秒）
40～50	15～20
60～70	6～10
80～90	4～6
100	2～3

表4-3-2 3つのウエイトトレーニングの優劣の比較．

尺度＼評価	等速性	等尺性	等張性
筋力獲得率	非常に良い	劣る	良い
筋持久力獲得率	非常に良い	劣る	良い
動作範囲外の筋力獲得	非常に良い	劣る	良い
トレーニング時間	良い	非常に良い	劣る
費用	劣る	非常に良い	良い
実施の容易さ	良い	非常に良い	劣る
漸増負荷の容易さ	劣る	良い	非常に良い
特定動作への適用	非常に良い	劣る	良い
筋痛	非常に良い	良い	劣る
安全性	非常に良い	良い	劣る
スキルの向上	非常に良い	劣る	良い

（Fox，朝比奈監訳：スポーツ生理学，大修館，1982）

2 ウエイトトレーニングの効果

今日まで多くの研究蓄積がある分野であるが，トレーニングの効果が現れる様相は対象者によって一様ではない．例えば男女では筋力増加の程度は大きく異なる．そうした意味では，効果を定量的よりは定性的に理解するのがよかろう．

1．筋

ウエイトトレーニングのもっとも顕著な直接的効果は筋が太くなることである．この筋肥大の背景は図4-3-1に示したように筋線維の肥大，筋線維を取り巻く結合組織の肥厚，筋線維の増殖と考えられている．

2．筋線維

筋線維には大別して遅筋線維と速筋線維があるが，ウエイトトレーニングによって顕著に肥大するのは速筋線維である．それは，速筋線維が強い力や速い速度の発揮に関わる筋線維だからである．筋線維数については両線維ともトレーニングによっては変化しないとされているが，少なくとも哺乳動物の筋線維は増殖することが確かめられている．しかし，ムラチ（Murach）らのまとめ（2019）によると，高強度のウエイトトレーニングによる筋肥大後に，成人のヒトでも病的ではない筋線維数の増加すなわち増殖（splitting）が生ずるとの間接的証拠を引用しているが，メカニズムの詳細な解明は今後の問題である，とのことである．

3．中枢神経

ウエイトトレーニングをすれば，すぐに筋肥大が起こり，筋量も増大するわけではない．初期の段階では，筋肥大を生じないまま中枢神経からの刺激が増大することにより筋力は増加する．いわゆる集中力が高まり，運動への関与度が低い筋線維を賦活したり，筋線維の活動水準を増大させる．図4-3-2に示したのはトレーニング期間と筋力および絶対筋力の変化である．筋断面積は増加しないにもかかわらず20日後には筋力は増加している．筋断面積の増加，すなわち筋肥大が起こるのはそれ以降である．いわばトレーニングの初期段階では心理的限界が向上し，その後は生理的限界が向上するのである（2章［3］参照）．

4．代　謝

ウエイトトレーニングは全身持久性トレーニングやスプリントトレーニングに比べ

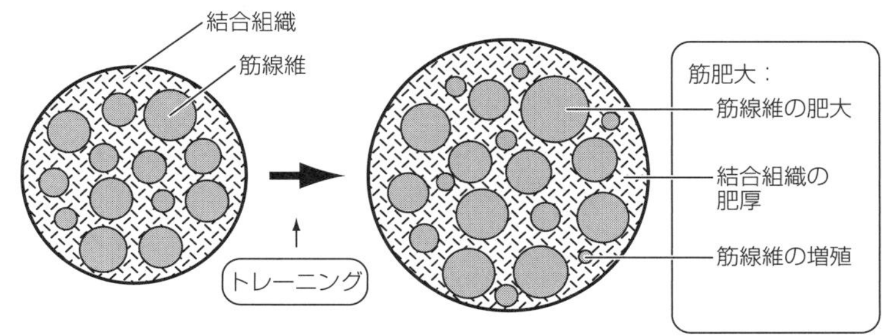

図4-3-1　筋肥大に伴って起こる筋のマクロな形態的変化．横断像を模式的に示す．
（トレーニング科学研究会編：レジスタンストレーニング，朝倉書店，1994）

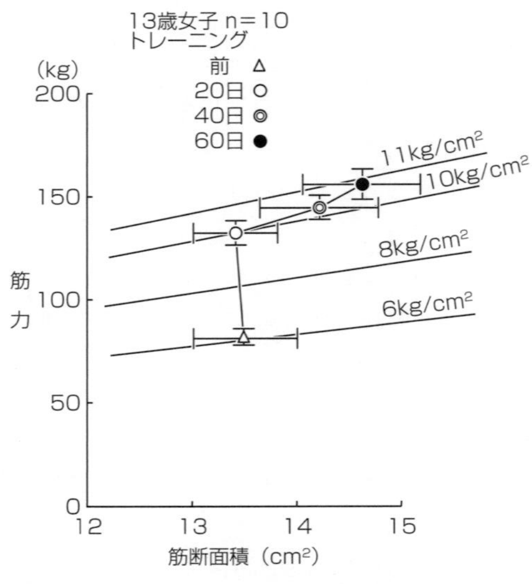

図4-3-2　トレーニングに伴う筋力と筋断面積との関係の変化.（福永：ヒトの絶対筋力，杏林書院，1978）

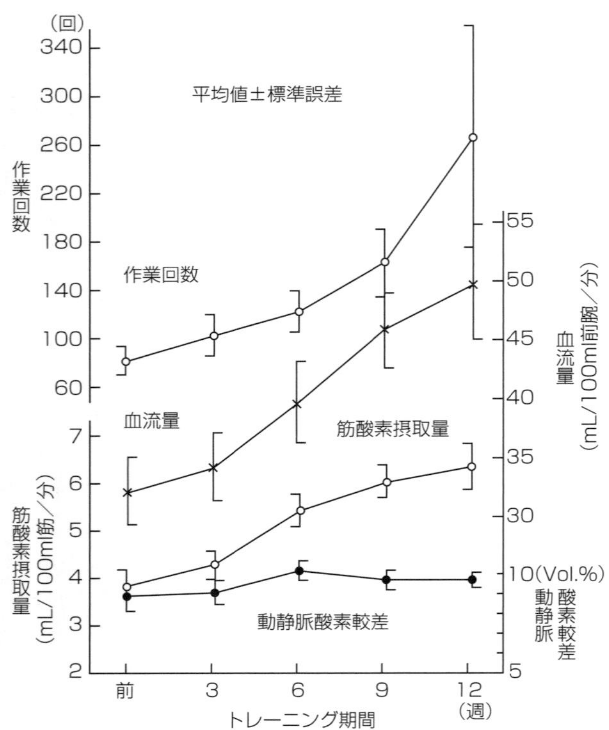

図4-3-3　作業回数，最大作業時の血流量，筋酸素摂取量と動静脈酸素較差のトレーニングによる推移.
（田口：筋酸素摂取量からみた筋持久力トレーニング効果の研究. 体育学研究　14：19，1969）

て代謝への影響は小さい．むしろ，筋線維の肥大による，いわば希釈効果が生じ，ミトコンドリア密度や酸化酵素活性が低下する可能性がある．

3　筋持久力への効果

筋持久力を向上させる負荷の強度は高すぎては効果が小さい．最大筋力の30～40%が適当である．ウエイトトレーニングと比較すれば，低強度である．この強度で行った掌握運動でのトレーニング効果を図4-3-3に示した．掌握運動で主体をなすのは前腕の筋であるが，トレーニングを続けることにより作業回数は増加する．それに比例して前腕での血流量が増加をし，筋の酸素摂取量も増加している．また，グリコーゲンと脂肪の貯蔵量の増加，ミオグロビンの増加といった筋自体の酸化能力が向上する．このように筋持久力の向上は，運動に関与する筋の酸化能力の向上によるのであって筋肥大によるのではない．筋持久力の向上はいわゆる「疲れにくい筋」を作ることにある．下肢の持久力が主役となるマラソン選手の筋はスプリンターのようには太くはないことからも筋持久力の効果は明白である．

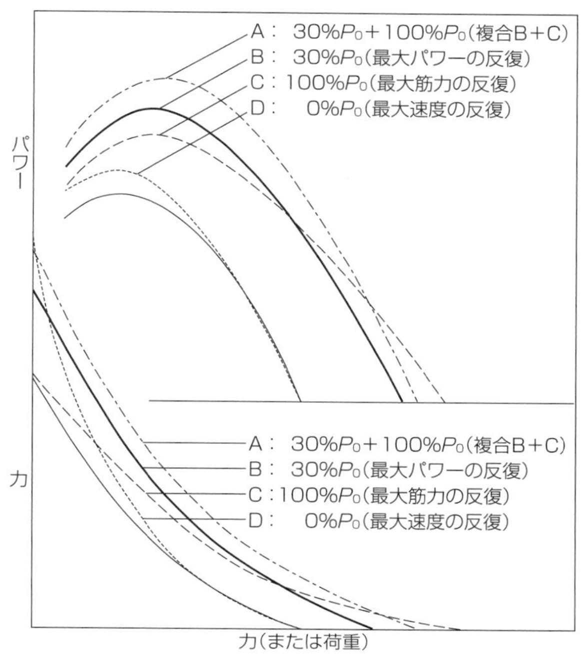

図4-3-4　筋の力—速度関係とパワーに及ぼす種々トレーニングの効果.
（金子：スポーツ・エネルギー学序説，杏林書院，2011）

4　筋パワーへの効果

2章［3］で述べたように，パワーは筋力と速度との2つ要因に左右される．いいかえればパワーを向上させるには，筋力を増大させるもよし，動く速さを増加させるもよし，さらにはそれらの両者を増強させるのもよいのである．

最大パワーが発揮されるのは最大筋力の30%ほどの負荷を課した時である．また，単一の負荷で考えれば筋パワーのトレーニング強度はこの30%ほどの負荷が最も効果的である．図4-3-4に示したのは肘屈曲トレーニング実験の結果である．図中のA，B，C，Dが意味しているのは，トレーニングの負荷である．単一の負荷であれば，Bの効果が大きくDの効果は小さい．さらにはBとCを組み合わせた複合負荷（A）の方がさらに大きな効果を示している．

5　リハビリテーションにおける筋系への効果

リハビリテーションにおける運動療法では，筋力や筋持久力の強化プログラムは多く用いられる．一般にスポーツによる外傷（骨折や捻挫）により，一定期間の関節を固定することによって，関節周囲の筋力が低下し，長期間の安静は廃用性筋萎縮をもたらす（4章［5］1．参照）．

これを防ぐためには，関節固定中に，損傷した骨や靱帯に負担がかからないように等尺性収縮などを取り入れた筋系トレーニングが行われることがある．これによってある程度，廃用性筋萎縮を小さくする効果がある．また，脳卒中などの中枢神経系疾患のリハビリテーションでは，運動療法の対象となる筋に対して関節運動を妨げないレベルでの最大抵抗をかけるトレーニングを繰り返すことにより，筋力向上のみならず，神経系への促通効果もある．

一方で，筋自体の病変による筋委縮を伴う筋ジストロフィー症や，多発性筋炎の者に対するリハビリテーションでの筋系トレーニングは注意が必要である．これらの疾患の特徴として，筋にかかる負荷量が多くなると，かえって筋委縮を進めてしまうことが危惧されるので，廃用性筋萎縮が起きないことを目的としたトレーニングプログラムが中心となる．

これらのトレーニング効果については，医療現場でのリハビリテーションから一歩進んで，障害者スポーツの場面でも考慮されることであり，競技力向上のためには，筋力や筋持久力，筋パワーの向上を図ることが必要であることは健常者スポーツと何ら変わらないが，選手の障害の原因となった疾患の特徴や，その選手の残存機能がどの程度であるかによって筋系のトレーニングプログラムやその効果について注意を払う必要がある．

[4] 酸素運搬系への効果

体力科学の視点から酸素運搬系へのトレーニング効果を考える際，最大酸素摂取量の増減にまず着目する．最大酸素摂取量とは，酸素を利用する側からみれば全身運動を最大限に行う時に関与する筋が必要とする酸素需要量の最大値であり，酸素を運搬する側からみれば需要に答える酸素の最大運搬量ということになる．このように需要量と運搬量（供給量）は表裏一体の関係にある．ここでは，まず最大酸素摂取量の増大を目的とした全身持久性（有酸素性）トレーニングを概観し，その効果として酸素運搬系にどのような影響がみられるかを中心にまとめる．

1　全身持久性トレーニング

陸上長距離選手のトレーニング方法として長い歴史があるのが全身持久性トレーニングである．インターバルトレーニング，持続トレーニング，ファルトレクトレーニングなどが競技の世界では良く知られている．しかし，今日ではスポーツ選手を対象とするだけでなく，体力や健康の維持・増進を目的とする非競技者をも対象に全身持久性トレーニングの生理学的背景が明らかにされ，それに基づいてのトレーニングプログラムの基礎が提示されている．

図4-4-1に示したのは体育科学センター（1970～2002）がまとめたトレーニングの3条件のうちの強度と時間の組み合わせである．強度が高ければ時間は短く，強度が低ければ時間は長く，といった組み合わせになっている．頻度は週に1回でも効果は確かめられてはいるが，多いほどトレーニング効果が大きいことも確かめられている．最も標準的には週に3回の頻度が勧められている．なお，酸素摂取水準を求める

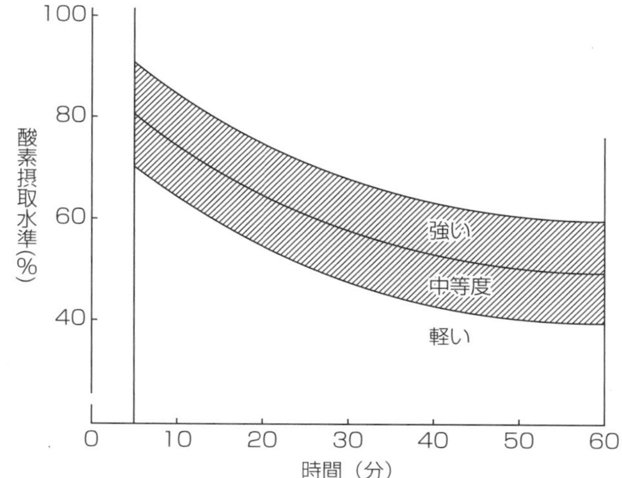

図4-4-1　全身持久性トレーニングでの強度と時間の組み合わせ．
（体育科学センター編：健康づくり運動カルテ，講談社，1976）

方法については，厳密な測定方法は簡便には程遠いのであるが，98頁の図3-3-4を用いれば心拍数からの推定が可能である．一般的には心拍数からの推定による酸素摂取水準が運動の強度として用いられている．

この他にはいくつかの提案がなされている．例えばアメリカスポーツ医学会の見解（1998）を要約すると以下のようになる．

・強度：HRmaxの55/65～90%，心拍数予備（heart rate reserve：HRR）の40/50～85%
・頻度：週に3～5回
・時間：有酸素運動を連続して，あるいは最低10分間の間欠運動の積算として，20～60分．強度と時間は関連しているので低強度であれば30分以上，高強度であれば少なくとも20分以上．

一方，山地と横山（1987）は多くの研究報告から最大酸素摂取量改善のための全身持久性トレーニングの最低基準を以下のようにまとめている．

・強度：酸素摂取水準の40～50%
・時間：20～30分
・頻度：週に2～3回
・期間：数週間

以上のように，トレーニングの条件にはいずれの提案もある程度の幅が持たされている．それは本章［1］にて述べたように，対象者の性，年齢，運動履歴，身体状況などへの配慮から幅が持たせてあるのである．なお，全身持久性トレーニングは大筋群を動員することが前提となるので，下肢を用いる歩行，走行，水泳，自転車こぎが一般に勧められている運動様式である．

2 全身持久性トレーニングの呼吸器系，循環器系への影響

トレーニングの効果を概観するために表4-4-1に鍛練者と非鍛練者の代表的な代謝的・生理的測定値を示した．表4-4-1をもとにその主な影響をまとめると以下のようになる．

1．呼吸器系

もっとも顕著な影響は最大酸素摂取量の増大である．トレーニング前の体力水準にもよるが，20～30%の増大が見込める．この最大酸素摂取量の増大をもたらす背景には，最大換気量の増大，一回換気量の増大，酸素摂取率（吸気酸素濃度と呼気酸素濃度の差）の改善などがある．

2．循環器系

(1) 心　臓

心臓の重量，容積ともに増大する（心肥大）．この心肥大は，全身持久性トレーニングでは左心室の容積の増大が顕著である．心拍数は，最大運動時および同一強度の最大下運動時で減少する傾向にある．心拍数は減少するものの，一回拍出量が増大するために心拍出量は増加する．最大心拍出量も増大する．

表4-4-1　健康な鍛練者と非鍛練者の代謝的・生理的数値の代表値[a].

変数	非鍛練者	鍛練者	%差[b]
グリコーゲン，mmol・g wet筋$^{-1}$	85.0	120	41
ミトコンドリア数　mmol^{3}	0.59	1.20	103
ミトコンドリア容積，%筋肉細胞	2.15	8.00	272
安静時ATP，mmol・g wet筋$^{-1}$	3.0	6.0	100
安静時CP，mmol・g wet筋$^{-1}$	11.0	18.0	64
安静時クレアチン，mmol・g wet筋$^{-1}$	10.7	14.5	35
解糖系酵素			
ホスホフルクトキナーゼ，mmol・g wet筋$^{-1}$	50.0	50.0	0
加燐酸分解酵素，mmol・g・wet筋$^{-1}$	4—6	6—9	60
有酸素的酵素			
コハク酸脱水素酵素　mmol・kg wet筋$^{-1}$	5—10	15—20	133
最大乳酸，mmol・kg wet筋$^{-1}$	110	150	36
筋線維			
速筋線維，%	50	20—30	−50
遅筋線維，%	50	60	20
最大一回拍出量，mL・拍$^{-1}$	120	180	50
最大拍出量，L・分$^{-1}$	20	30—40	75
安静時心拍数，拍・分$^{-1}$	70	40	−43
最大心拍数，拍・分$^{-1}$	190	180	−5
最大動静脈酸素較差，mL・100mL^{-1}	14.5	16.0	10
最大酸素摂取量，mL・kg^{-1}・min^{-1}	30—40	65—80	107
心容積，L	7.5	9.5	27
血液容積，L・min^{-1}	4.7	6.0	28
最大換気量，L・min^{-1}	110	190	73
体脂肪率 %	15	11	−27

a．近似値を示した場合もある．鍛練者の値はすべて持久性競技者のものである．鍛練者と非鍛練者の%差はかならずしもトレーニングの結果ではないことに注意すること．なぜならば個人間の遺伝的な差がおそらく強く影響するからである．

b．$\frac{(\text{鍛練者の数値}-\text{非鍛練者の数値})}{\text{非鍛練者の数値}}$ ×100の式から%差を算出した（訳者追加）．

（McArdleら，田口ら監訳：運動生理学，杏林書院，1992）

(2) 血　圧

安静時および最大下運動時の最高および最低血圧は減少する傾向にある．明確な減少は最高血圧にみられ，特に高血圧の者には顕著である．

(3) 血液量

血漿量と総ヘモグロビン量は増加する傾向にある．

(4) 動静脈酸素較差

動脈血酸素含有量は変わらないが，トレーニングを積んだ筋では動脈血から，より多くの酸素を取り込むことができる．すなわち動静脈酸素較差が増大する．この増大により，同量の酸素を筋が取り込むには少ない血液量で済むことになり，より効果的な血液配分が可能になる．

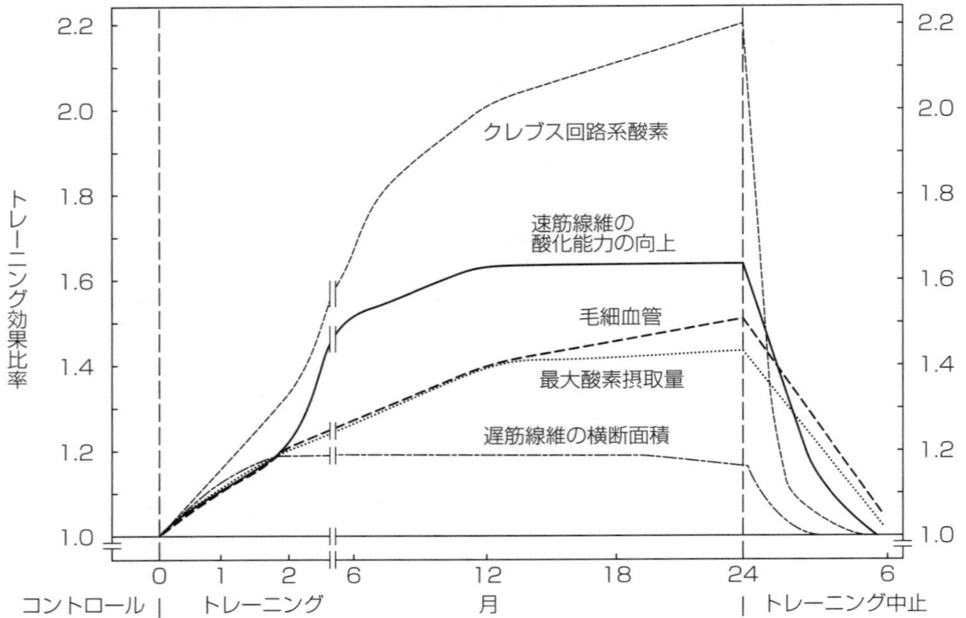

図4-4-2　全身持久性トレーニングに伴って活動筋に生じる様々な適応を模式図的に，一部仮説としてまとめたもの．図はヒトの縦断的および横断的研究に基づいている．
（McArdleら：Exercise physiology, Lea & Febiger, 1991）

3　筋線維など

図4-4-2に示したのは筋線維を中心とした，全身持久性トレーニングによる改善のまとめである．有酸素性機能が大きく改善される様子が分かるが，筋線維の選択的改善に注目する必要がある．

4　無酸素性トレーニング

全身持久性トレーニングは有酸素性トレーニングともいわれるように，生理学的には有酸素性エネルギー供給機構の改善を主目的としている．これに対し無酸素性エネルギー供給機構の改善を主目的とするのが無酸素性トレーニングである．短時間の高い強度であるスプリント走やパワー型のウエイトトレーニングなどが主な運動様式となる．トレーニングの条件としては強度と時間が密接に関係し，非乳酸性エネルギー供給機構を増強させるには5～10秒で疲労困憊となる強度とする．次の運動への休憩時間は1～3分ほどとする．乳酸性エネルギー供給機構を増強させるには30秒から1分で疲労困憊となる強度とする．次の運動への休憩時間は3～5分ほどとするが，運動を繰り返すことにより大量に乳酸が蓄積した場合は数時間の休憩が必要である．

こうした無酸素性トレーニングがもたらす効果は，一部は表4-4-1にも示されているが，無酸素性酵素の増加，ATPとCPの増加，解糖能力の増大，最大血中乳酸値の増加，速筋線維の肥大などである．

5 障害者スポーツ選手における影響

脊髄損傷者では持久性トレーニング時における負荷する運動強度に対して，心拍応答といった身体の反応が健常者とは違うことが特徴である．その理由として，脊髄損傷者が用いる，ハンドエルゴメータや車いす用トレッドミルなどといった運動機器が考えられる．そうした運動機器では動員される下肢大筋群が，健常者に比べて小さいことが影響しているのである．さらに，脊髄損傷者は，下肢といった麻痺がある部位からの筋ポンプ作用による静脈還流が起こりにくいことから，運動時においても心臓への静脈還流が増加しにくくなり，その分，心臓の負担が大きくなることが考えられる．

また，頚髄損傷者には，運動負荷による心拍数が上がりにくいといった，頚髄の損傷部位によって自律神経系の働きに影響があることや，胸郭や腹壁の筋に麻痺があることによって呼吸運動がしにくくなる，といった特徴がある．

[5] 身体組成への効果

近年，身体組成への関心が高まり，減量をする際には単に体重に着目するだけでなく，脂肪の減少を見るべきだとの認識が広まっている．運動がもたらす身体組成への効果については，特に脂肪の減少に着目して健康的な減量方法として高い評価を得ている．その一方では，運動の増量効果も多いに関心が持たれている．

また，近年では運動やスポーツの骨への影響も大いに関心がもたれるようになってきている．

1 安静の影響

運動の影響をみる方法として，直接に運動の効果をみる方法と，逆に運動を行わなかった際の変化をみることによって間接的に運動の効果をみる方法とがある．この安静の影響については，近年では宇宙医学との関連で精力的に研究がなされている．しかし，今日まで引用される著名な研究としては，今から50年余前に安静（bed rest）の影響を広範な視点から研究したサルティンら（Saltin，1968）の報告がある．被検者はアメリカ人男子大学生であった．彼らはベッドのうえで20日間にわたって生活をしたが，体を起こしてよいのは食事と読書の時だけであった．食事は体重に変化を生じさせないよう配慮されていたため，体重は減らなかったものの，除脂肪体重が平均で66.3kgから65.3kgへと1kg減少した．この減少は，脂肪が1kg増加したことを意味する．すなわち体重が一定に保たれていたとしても，安静状態を続けることにより，その中身である身体組成では除脂肪体重が減少し，脂肪が増加するという変化がもたらされるのである．

2 全身への効果

全身運動は目的と運動様式から全身持久力を高める全身持久性トレーニング（有酸素運動）と筋の増強と増量を目的とするウエイトトレーニングとに二分できる．

1．全身持久性トレーニング

全身持久性トレーニングがどのような内容であれば身体組成の改善に有効であるかについて，アメリカスポーツ医学会がそれまでの研究から2つの提言（1978，1983）を行っている．その要点をまとめて表4-5-1に示した．ここに示された運動に関する指摘は極めて具体的であるが，その条件を完全に満たしたからといってきちんと効果が出るものではないし，条件に不足するからといって効果がないわけではない．基本的な目安である．また効果の大小は肥満の程度と関連し，たいした肥満状態にない者での効果は小さい．なお，この提言にて述べられている頻度は極めて重要な意味を持つことを，改めて強調しておく．また，肥満者のウエイトコントロールについては2

表4-5-1　減量プログラムについてのアメリカスポーツ医学会の提言の要約.

1. 体重を除脂肪体重と脂肪とに二分する身体組成の考え方を基本におく.
2. 食生活を改善するとともに，全身持久性トレーニングをしながら，中等度のカロリー制限となる栄養的にはバランスの取れた食事が大切である.
3. 運動は大筋群を用いる全身運動とする.
4. 全身持久性トレーニングの基本は，強度は最大心拍数の60%（最大酸素摂取量の約50%強度），時間は20～30分，頻度は週3回以上とし，1回の運動で300kcalを消費する.
5. 1回の運動の消費量が200kca程度であっても頻度が週4回であれば効果がある.
6. 1回の運動の消費量を300kcal以上にしたり，頻度を多くすれば身体組成への望ましい効果は大きくなる.
7. 体重の望ましい減少量は週あたり0.45～1kgである.

（北川：運動による体脂肪の応答．臨床スポーツ医学　17：21，2000）

表4-5-2　トレーニングが与える体重および身体組成への影響.

性（文献数）	年齢（歳）	期間（週）	時間（分）	頻度（回/週）	体重（kg）		除脂肪体重（kg）		脂肪（kg）		体脂肪率（%）	
					前	後	前	後	前	後	前	後
全身持久性トレーニング												
男〔26〕	(18—59)	(8—104)	(20—120)	(2—5)	83.7	82.0	64.0	64.3	19.7	17.7	22.5	20.7
女〔10〕	(16—44)	(7—29)	(16—60)	(2—6)	63.5	62.4	45.2	46.0	18.3	16.4	28.8	26.4
ウエイトトレーニング(サーキットトレーニングを含む)												
男〔9〕	(18—48)	(8—26)	(15—150)	(2—3)	77.6	78.1	62.1	63.8	15.5	14.3	19.2	17.5
女〔5〕	(16—23)	(9—26)	(15—90)	(2—3)	62.9	62.5	45.7	46.1	17.2	16.4	26.9	25.7

（　）の値は最小値と最大値，他は平均値

（北川：運動が身体組成に与える効果．体育の科学　35：772，1985）

章［8］3を参照.

全身持久性トレーニングが身体組成に与える影響を要約して表4-5-2に示した．ただし，表4-5-2には後述するウエイトトレーニングについてもまとめてある．表4-5-2に示した平均値で全体の特徴をつかんでみると全身持久性トレーニングの効果としてまず体重が減少していることが分かる．そして除脂肪体重はわずかだが増加傾向にあり，脂肪と体脂肪率は減少している．すなわち全身持久性トレーニングの効果は男女に共通して現れ，それは除脂肪体重は維持されるが，脂肪の減少により体重が減少することである.

2. ウエイトトレーニング

ウエイトトレーングは持久性トレーニングのようには長く続けて行えない．バーベルを数回持ち上げた後はしばらくの休憩が必要である．それというのも運動の強度が高いために主エネルギー源が貯蔵量の少ない無酸素性エネルギー供給機構に依存するからである．ウエイトトレーニングは疲労感が高い割には消費するエネルギー量は少ない.

表4-5-2から，その効果の概要をみると男女で効果の様相は異なる．男子は除脂肪体重が増加し，体脂肪は減少している．この増加と減少が相殺され体重の変化はほとんどない．当然のことながら体脂肪率は顕著に減少している．一方，女子は除脂肪体重の明瞭な増加はみられないが，体脂肪はわずかな減少傾向がみられる．また体重にはほとんど変化はみられない．表4-5-1にまとめたように，減量を目的とする運動については全身持久性トレーニングがより効果的であるとのアメリカスポーツ医学会の提言はこのような比較からも裏付けられる．

ウエイトトレーニングでの強い力の発揮は筋を肥大させる重要な条件である．しかし，筋の肥大には男性ホルモンが必要とされるが，女子では男子ほどには分泌量が多くないので，ウエイトトレーニングを続けても女子の除脂肪体重には顕著な増加はみられない．女子のなかには，運動をすることにより筋がつき体型が男性的になることを恐れる者がいると聞く．しかし，表4-5-2に示したように一般的なウエイトトレーニングでは筋の増量は女子では考えにくいのである．ましてや運動強度の低い全身持久性トレーニングでは筋の増量を望んでも望めるものではない．

3 局所への効果

1．局所運動の効果

テニスを何年もやっているからラケットを持つ腕の皮下脂肪が少ないとか，腹筋運動をしてだぶついた腹の脂肪を落とそうとか，要するに局所運動がその運動の主体となっている筋に表在する皮下脂肪を，その部位だけをより効果的に減らすことができると一般に受けとられているようだ．

こうした局所運動について，バイオプシー（生検）により脂肪組織を採取して分析した報告がなされている．女子に脚伸展トレーニングをさせた結果を図4-5-1に示した．ここに示したように，トレーニング脚の皮下脂肪厚をCTとキャリパーで測定したところ，確かに薄くなっているものの，その一方では筋厚が厚くなっていた．あたかも，トレーニング脚の皮下脂肪が減少したかのような結果である．しかし，バイオプシーによる測定では脂肪細胞の大きさや，脂肪細胞中の中性脂肪の容量には非トレーニング脚との差はなかった．このように，局所運動によって皮下脂肪厚が薄くなっ

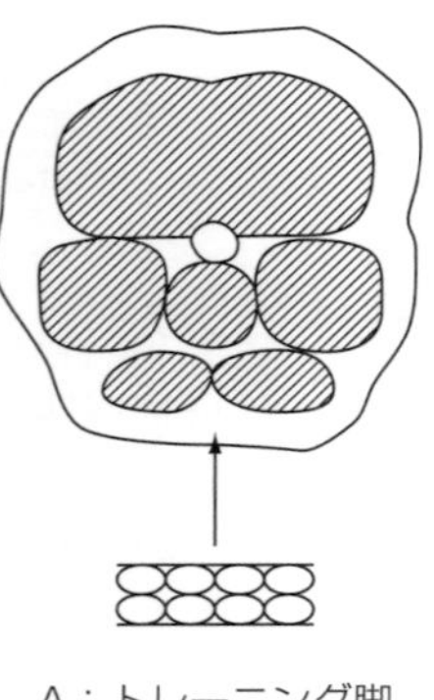

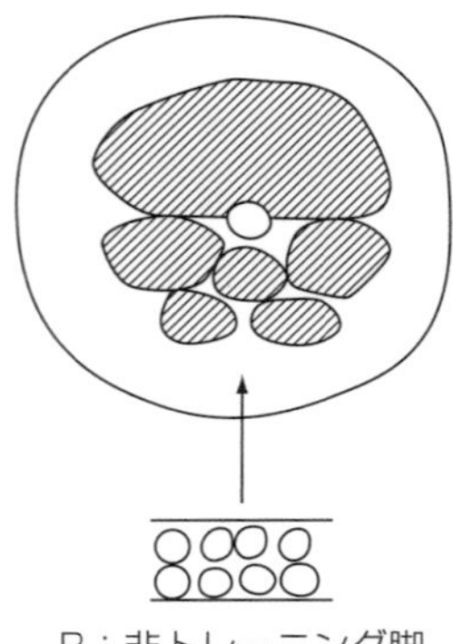

図4-5-1　局所の筋力トレーニングが皮下脂肪厚および脂肪組織に与える影響．
トレーニング脚の皮下脂肪厚は薄くなっているが脂肪細胞には差異はない．
（Björntorp：Physical and clinical aspects of exercise in obese persons, Terjung編：Exercise and sports sciences reviews. Vo. 11, American College of Sports Medicine Series, The Franklin Institute Press, 1983.）

たからといっても，それはトレーニングによる筋肥大によって皮下脂肪が内部から押しつけられているだけで，実質的な脂肪の減少はないというのがこの報告の結論である．別の例は腹筋運動についての報告である．被検者は青年男子である．トレーニングは27日間で，その総回数は5,004回であった．腹部，殿部，肩甲骨下角部でのバイオプシーを行ったところ全ての部位で脂肪細胞は小さくはなったが，腹部の脂肪細胞だけが特に小さくなったり皮襞厚（ひしゅうこう）が薄くなったりすることはなかった．以上より，腹筋運動は腹部の脂肪を優先的に減らしうるものではないと結論づけている．また，被検者2人についてトレーニングに要した全消費エネルギー量を推定しているが，その量は1,400kcalであった．この消費エネルギー量は，表4-5-1に示した提言と比較すれば分かるように，脂肪を減らすには極めて不十分な消費量である．

このような研究での結論は極めて当然のことと考えられる．ある局所での筋運動のエネルギーが，その筋に表在する皮下脂肪組織から優先的に選択的に供給される経路はないからである．腹部の脂肪を減らしたければ，局所の腹筋運動よりも全身持久性トレーニングが効果的である．

2. 内臓脂肪への効果

運動の効果に皮下脂肪と内臓脂肪とでは相違があるのか，についての研究は十分とはいえないがいくつかの報告がなされている．閉経前の肥満女子に対して14カ月にわたる有酸素運動を週4～5回の頻度で行わせた報告では，CTで測定した腹部の皮下脂肪面積は減少したが，内臓脂肪は変わらなかったとのことである．大腿部も同様の傾向であった．ダイエットと運動とを組み合わせた肥満女子についての研究では，1群は有酸素運動で頻度は週5回，もう1群はウエイトトレーニングで頻度は週3回，どちらも期間は16週間であった．MRIでの測定結果は，両群ともに皮下脂肪と内臓脂肪は減少したが，どちらかといえば内臓脂肪の方が多く減少した．高齢の女子にウエイトトレーニングをさせた報告では，頻度は週3回で16週間のトレーニングの結果，CTでの測定により皮下脂肪には変化がなかったが内臓脂肪には変化があったとのことである．

以上のように全身の運動が体幹部，なかでも腹部の皮下脂肪と内臓脂肪に与える影響についての研究例は十分であるとは思えない．今後も性，年齢，肥満度に対応できる適切なトレーニングプログラムの探求がなされる必要がある．

3. 骨への効果

骨に加わる負荷と骨の適応の関係についてはメカノスタット理論，すなわち骨には歪みを感知するセンサーがあり，歪みの大きさにより骨量や骨強度を変化させる，という考えが広く受け入れられている．そこでは，骨を効果的に歪ませるためには強度とスピードが重要な因子となっている．ただし，頻度（回数）はさほど重要な因子とは考えられていない．

図4-5-2に示したのは，大学生以上で競技スポーツを行っている女子と，していない女子について，腰椎での骨塩量（bone mineral density：BMD）を調査したA～Dの4つの研究をまとめた比較である．ここからジャンプのような強い荷重（ハイインパクト）が多用されるスポーツ種目，すなわちバレーボールやバスケットボールの選手で骨塩量が増加する傾向にあることが分かる．一方，陸上長距離と水泳では骨塩量

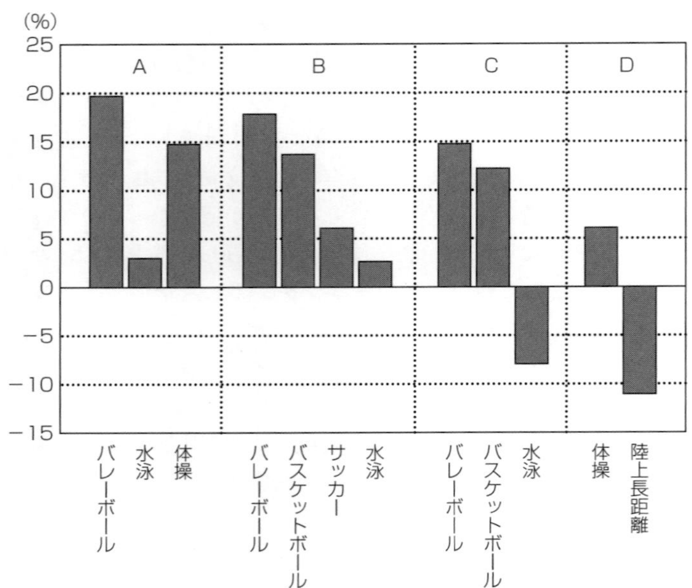

図4-5-2　非運動群に対する各種スポーツ選手の腰椎骨密度の増加率.
（北川編：健康運動プログラムの基礎，市村出版，2005）

増加での効果は見られない．その原因として，陸上長距離では荷重が弱い（ローインパクト）こと，水泳では体重を支える負荷がないこと，が考えられる．

以上のように，激しいトレーニングを積むスポーツ選手であっても，種目特性により骨塩量の増加は見られない．骨量増加をもたらす有効なトレーニングとしては，ハイインパクトを伴う荷重運動が適当と考えられている．

5章 高齢者の運動と栄養摂取

わが国は世界に例をみない高齢社会を迎えている．その中心層をなすのは，第二次大戦中かその直後(1940～1950年)に生まれた者である．誕生当時の状況を考えれば，栄養のみならず生活環境は今日とは比べものにならないほど劣っていたはずである．それにもかかわらず，世界でもまれな高齢社会を迎えているのは，成人後あるいは高齢になってから個人々々の生活管理が適切であり，また，社会環境の整備が進んだのであろう．

近年，新体力テストの結果発表翌日の新聞トップを飾るのは，高齢者のフィットネス教室参加者数の増加である．青年よりも，参加率がはるかに高いのである．また，新聞やテレビなど，中高年向けのサプリメントや健康食品のCM花盛りである．こうした状況から見て，高齢者の運動と栄養への関心は極めて高いことは間違いのないことである．

ところで，健康のために運動をする，と一般によくいわれている．本当であろうか．なぜならば健康を数値でとらえることは難しく（1章参照），また，健康の概念が個人ごとに異なるからである．運動ばかりでなく，栄養，衣服といった人間を取り巻く環境のすべてが健康観を構成する要因だからである．したがって，健康づくりを目的に置くのではなく，運動，スポーツをするから健康になる，と考える方が理にかなっているようだ．運動やスポーツを楽しむことを目的にし，その結果として健康になるのである．健康は，平和と同様に誰もが望むことであるが，その在り様は千差万別であり，普遍的な健康観はない，と考えるべきである．

世界屈指の長寿国のわが国であるが，高齢者の心身の在り様は大きく変化していることから，高齢者の目安としている暦年齢の65歳を見直すべきである，との議論も起きつつある．本章では，高齢者が今以上に元気に生活を送るうえでの，運動と栄養についての基本的知識を要約する．

1 加齢と体力

図5-1に示したのは，加齢に伴う日本人男子の握力と垂直跳びの変化である．多くの体力要素は，20歳代をピークとして年を取るにつれて低下していく．しかし，低下の様相は要素によって一様ではないうえ，筋力といっても部位により異なる．上肢

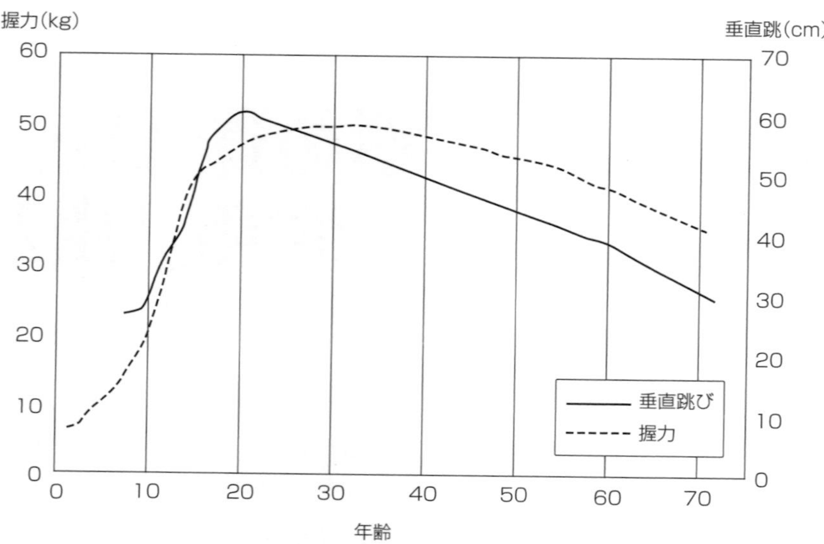

図5–1　日本人男子の加齢による体力の変化：握力と垂直跳び.
（首都大学東京体力標準研究会：新・日本人の体力標準値Ⅱ，不昧堂出版，2007より作図）

の体力を代表するものとしての握力を，下肢を代表するものとしての垂直跳びを例に挙げよう．加齢によって低下すること自体はどちらも同じであるが，ピーク並びに落ち方に大きな違いがある．それぞれのピークに対し70歳では，握力は20%の減少にすぎないのに対し，垂直跳びは50%の減少である．すべての動きの基盤となる下肢の体力の衰えが上肢よりも顕著であることが分かる．ここには示さなかったが，性によっても低下の様相は異なる．

2　高齢者の運動

高齢者が，元気に安全に日常の生活を送るうえで大切な体力要素（3，4頁，図1–1，図1–2参照）は筋力，全身持久力，柔軟性，平衡性・協応性と考えられる．筋力は，高齢者の日常生活を支えるもっとも重要な柱であり，動くことに直接関与する能力である．高齢者に発生しやすいフレイル（Frailty，心身の活力が低下し脆弱性が亢進した状態）とも深く関係する．全身持久力は，有酸素運動を規則正しく行うことで目覚ましく向上することはすでに周知のことである．中高年者の体力づくりとしては，もっとも知られているひとつである．柔軟性は，ストレッチングの運動としてこれもよく知られている．平衡性・協応性は様々な活動時に姿勢の安定を保ち，転倒を予防するために重要な要素である．これら4つの体力要素は生活の質（quality of life：QOL）を向上させる大きな鍵となっている．

青年とは違い，体を鍛え上げよう，との考えを高齢者は普通持たない．しかし，トレーニングは継続しなければ意味がないのであるが，高齢者がトレーニングをする際の持つべき心構えは少なくとも2つある．①トレーニングはやらぬよりはやった方が良い，との気楽な気持ちを持つこと，②いわゆるトレーニングは，野球やテニスといったスポーツを行うための基礎と捉えること，である．少なくとも以上の2つの心構えを持つことで，さほど楽しくない基礎的トレーニングを継続することができるであろう．

1．筋　力

筋力をはじめとする筋機能を向上させるプログラムの基本は4章［3］にまとめてある．中高年のトレーニングでは,「安全」がキーワードとなる．そのためには，フリーウエイトであるバーベルの使用はできるだけ避けた方が良い．望ましいのは，等速性トレーニングのできるマシーンを利用するのであるが，フィットネスクラブへ通う手間が面倒になるかもしれない．家庭で手軽に行うのであれば，用具が不要なアイソメトリックトレーニングが適当であろう．また，1kg程度のダンベルを用いての動的トレーニングを組み入れるのもよい．その時のダンベルは金属がむき出しではないものが安全である．一方，チューブを用いるのもよい．

筋機能の向上を目指す際，概念として混同されるのは筋力と筋持久力である．両者の明確な違いは筋に現れる．筋力トレーニングでは筋が太くなって強くなり，筋持久力トレーニングでは太くならず疲れにくくなる，のである．要するに，トレーニングの効果は負荷次第である．負荷が大きければ筋力トレーニングとなり，小さければ筋持久力トレーニングとなるのである．中高年者が家庭で手軽に行うのであれば，軽い負荷を用いた動的運動が良いであろう．大きな向上は望めないが，筋力も筋持久力も向上した筋となるのである．まさに，やらぬよりはやった方が良い，とのやり方である．また，部位として鍛えておいたほうが良いのは，下肢と腰の筋である．下半身の衰えを少しでも防ぐことが元気に高齢社会を乗り切っていけるのである．

ところで，近年，高齢者の体力にて注目を浴びるようになったのがサルコペニア（sarcopenia）である．語源は，筋（sarco）の減少（penia）にある．加齢に伴い筋量や筋力が著しく低下していく老化現象と捉えられ，高齢者の転倒・骨折・寝たきりなどの一番の原因になっていると考えられている．その予防や改善のためには，筋力トレーニングは最善の策のひとつであろう．

2．全身持久力

全身持久力を向上させるプログラムの基本は4章［4］にまとめてあるが，そこに記述してあるトレーニングの3条件（強度，時間，頻度）は最大酸素摂取量を向上させるための条件である．しかし，全身持久力の測定指標は最大酸素摂取量ばかりではない．生理学指標としては心拍数があり，心理学的指標としては主観的作業強度があり，いずれもたやすく測定することができる．効果をみるには最大酸素摂取量よりも短期間で顕在化し測定がたやすく，トレーニングを継続する励みになるのが心拍数であり主観的作業強度である．

一般的には，ほとんどの高齢者のように，健康を維持し若干の向上をさせることを目的にするには，運動の強度を高くする必要はない．そうした考え方から「ニコニコペースの運動」が日本では広まっている．この運動の強度は，99頁の図3-3-5に示したLTである．一般人では40～50% $\dot{V}O_2max$ であり，軽いジョギングかウォーキングに相当する．この強度であれば一緒に運動する者とも会話をすることができるので，継続しやすいことも利点である．

3. 柔軟性

昨今の高齢者が若い頃では，柔軟性を高めるには，他者から無理矢理に関節を伸展させられたり，自分自身で反動をつけたりする運動が一般的であった．現在では，このような柔軟運動は筋・腱の組織の損傷をもたらすとされてほとんど行われることはない．現在ではゆっくりと筋・腱を伸展させるストレッチ運動が，かつての柔軟運動よりも多様な効果が得られるとして広く普及している．

4. 平衡性・協応性

高齢者の活動を阻害し，寝たきりになる原因で最も多いのは転倒である．転倒は下肢骨格や脊椎の骨折の原因となり，それにより寝たきりといった日常生活に重大な支障をもたらすことになる．一般に，高齢者の骨折は命取り，と言われるほどである．高齢者は骨格が脆弱になることは否めないため，大切なことは転倒をいかに防ぐかである．そのためには，運動時の姿勢を保つ平衡性・協応性といった体力を維持することが大切である．特定の姿勢を維持するような運動や，リズミカルなダンスのような運動をトレーニングプログラムに入れるなどの工夫が不可欠である．

3 高齢者の栄養摂取

2章［6］に栄養素とその役割をまとめてある．厚生労働省「日本人の食事摂取基準（2020年版）」では，高齢者の年齢区分が65～74歳，75歳以上の2つの区分が設けられ，栄養に関連した身体・代謝機能の低下の回避の観点から，高齢者の低栄養予防やフレイル予防も視野に入れて策定が行われた．エネルギーの食事摂取基準については，推定エネルギー必要量として，過小評価されがちなエネルギー摂取量ではなく，総エネルギー消費量から算出された値が用いられている．56頁の表2-6-1に示したように男女ともに体重の減少する50歳からエネルギー必要量の減少傾向がみられるが，75歳を超えると身体活動レベルの減少に伴いエネルギー必要量の減少は顕著となる．高齢者の各栄養素の摂取基準をみると65歳未満の成人とほとんど同じであるが，高齢者独自の係数等を用いて推奨量を設定している栄養素はない．推奨値の値が異なるとしたら，体格の違いによるものである．たんぱく質についても，推奨値の算出において高齢者も若年者と同様の値（たんぱく質維持必要量＝0.66g/kg体重／日）を用いることとなったが，フレイルおよびサルコペニアの発症予防を根拠として，目標量の下限値が設定された．

加齢とともに諸機能は低下傾向を示す．厚生労働省「日本人の食事摂取基準（2020年版）」では，エネルギーの摂取量および消費量のバランス（エネルギー収支バランス）の維持を示す指標として，BMI（高齢者の目標BMI：21.5～24.9kg/m^2）が採用されているが，特に高齢者については，過栄養（生活習慣病の発症予防）だけではなく，フレイル・サイクルが構築されないように低栄養の予防が重要である．高齢者については暦年齢よりは個人差に着目して栄養摂取を図ることが重要と考えられている．

〔本書の執筆にあたっての主な参考書〕

・猪飼道夫：体育生理学序説．体育の科学社，1961
・Hettinger T: Physiology of strength. Thomas, 1961
・カルポビッチPV著，猪飼道夫，石河利寛訳：運動の生理学．ベースボール・マガジン社，1963
・朝比奈一男ほか：スポーツと体力（スポーツ科学講座・2）．大修館書店，1965
・猪飼道夫：運動生理学入門．第3版，杏林書院，1966
・福田邦三編：日本人の体力．杏林書院，1968
・猪飼道夫，江橋慎四郎，飯塚鉄雄，高石昌弘編：体育科学事典．第一法規出版，1970
・Karpovich PV, Sinning WE: Physiology of Muscular Activity. 7th Ed, Saunders (W.B.) Co Ltd, 1971
・猪飼道夫編著：身体運動の生理学．杏林書院，1973
・金子公宥：瞬発的パワーからみた人体筋のダイナミクス．杏林書院，1974
・浅見俊雄ほか：トレッドミルおよび自転車エルゴメーターによる中年女性の持久性トレーニング効果とその特異性について．体育科学，3: 49-57, 1975
・体育科学センター編：健康づくり運動カルテ．講談社，1976
・国際体力テスト標準化委員会，ラーソンLA，マイケルマンH編著，飯塚鉄雄ほか共訳：運動処方ガイドブック．大修館書店，1976
・矢部京之助：人体筋出力の生理的限界と心理的限界．杏林書院，1977
・福永哲夫：ヒトの絶対筋力．杏林書院，1978
・朝比奈一男：運動とからだ．大修館書店，1981
・山地啓司：運動処方のための心拍数の科学．大修館書店，1981
・小野三嗣：日本における体力医学研究の歴史と展望．大修館書店，1991
・フォックスE著，朝比奈一男監訳：スポーツ生理学．大修館書店，1982
・小林寛道：日本人のエアロビックパワー．杏林書院，1982
・宮下充正，石井喜八編著：運動生理学概論．大修館書店，1983
・Fox EL, Close NA: Sports Physiology (Holt-Saunders International Editions). 2nd Ed, Thomson Learning, 1984
・Lamb DR: Physiology of Exercise. 2nd Ed, Macmillan Pub Co, 1984
・Butts NK, et al.(Eds): The Elite Athlete. Medical & Scientific Books, 1985
・真島英信：生理学．第17版，文光堂，1985
・藤田恒太郎：人体解剖学．第32版，南江堂，1985
・Rivolier J, et al.(Eds): High Altitude Deterioration. International Congress for Mountain Medicine, Chamonix, March 1984 (Publication year: 1985)
・宮村実晴，矢部京之助編：体力トレーニング．真興交易医書出版部，1986
・Astrand PO, Rodahl K: Textbook of Work Physiology. 3rd Ed, McGraw-Hill Book Company, 1986
・Haymes EM, Wells CL: Environment and Human Performance. Human Kinetics, 1986
・Lindsay Carter JE, Heath BH: Somatotyping: Development and Applications. Cambridge

University Press, 1990
・Komi PV (Ed): Strength and Power in Sport. Blackwell, 1991
・北川　薫：身体組成とウエイトコントロール．杏林書院，1991
・大地陸男：生理学テキスト．文光堂，1992
・Silbernagl S, Despopoulos A 著，福原武彦，入來正躬訳：生理学アトラス．第2版，文光堂，1992
・McArdle WDほか著，田口貞善ほか監訳：運動生理学．杏林書院，1992
・Howley ET, Franks BD: Health Fitness Instructor's Handbook. 2nd Ed, Human Kinetics, 1992
・宮下充正：トレーニングの科学的基礎．ブックハウス・エイチディ，1993
・トレーニング科学研究会編：レジスタンストレーニング．朝倉書店，1994
・McComas AJ: Skeletal Muscle. Human Kinetics, 1996
・山田　茂，福永哲夫：生化学，生理学からみた骨格筋に対するトレーニング効果．NAP, 1996
・Latash ML: Neurophysiological Basis of Movement. Human Kinetics, 1998
・西野仁雄，柳原　大編：運動の神経科学．NAP, 2000
・勝田　茂編：運動と筋の科学．朝倉書店，2000
・石河利寛：健康・体力のための運動生理学．杏林書院，2000
・山本正嘉：登山の運動生理学百科．東京新聞出版局，2000
・山地啓司：最大酸素摂取量の科学．第2版，杏林書院，2001
・平野裕一，加賀谷淳子編：トレーニングによるからだの適応．杏林書院，2002
・Leonard CT 著，松村道一ほか監訳：ヒトの動きの神経科学．市村出版，2002
・Astrand PO, et al.: Textbook of Work Physiology. 4th ed, Human Kinetics, 2003
・小野寺昇，宮地元彦：水中運動の臨床応用：フィットネス，健康の維持・増進．臨床スポーツ医学，20: 289-295, 2003
・Kenney WL, et al.: Physiology of Sport and Exercise. 3rd Ed, Human Kinetics, 2004
・宮下充正：年齢に応じた運動のすすめ．杏林書院，2004
・原　一之：脳の地図帳．講談社，2005
・北川　薫編著：健康運動プログラムの基礎．市村出版，2005
・佐藤祐造編著：運動療法と運動処方．文光堂，2005
・日本体育学会監修：最新スポーツ科学事典．平凡社，2006
・樋口　満編著：新版コンディショニングのスポーツ栄養学．市村出版，2007
・McArdle WD, et al.: Exercise Physiology. 4th Ed, Lea & Febiger, 2007
・八田秀雄編著：乳酸をどう活かすか．杏林書院，2008
・金子公宥：スポーツ・エネルギー学序説．杏林書院，2011
・北川　薫編：機能解剖・バイオメカニクス．文光堂，2011
・北川　薫編：トレーニング科学．文光堂，2011
・日本スポーツ振興センター国立スポーツ科学センター：国立スポーツ科学センター形態・体力測定データ集2010．国立スポーツ科学センター，2012
・村岡　功編著：スポーツ指導者に必要な生理学と運動生理学の知識．市村出版，2013

・北川　薫：運動とスポーツの生理学．改訂3版，市村出版，2014
・大澤清二：最適な体力トレーニングの開始年齢：文部科学省新体力テストデータの解析から．発育発達研究，69: 25-35, 2015
・日本スポーツ協会：スポーツ活動中の熱中症予防ガイドブック．第5版，2019（https://www.japan-sports.or.jp/Portals/0/data/supoken/doc/heatstroke_0531.pdf）
・Murach KA, et al.: Muscle Fiber Splitting Is a Physiological Response to Extreme Loading in Animals. Exerc Sport Sci Rev, 47: 108-115, 2019
・厚生労働省：日本人の食事摂取基準［2020年版］．「日本人の食事摂取基準」策定検討会報告書，2019
・大築立志ほか編：運動学習の脳・神経科学．市村出版，2020

索　引

［た　行］

［な　行］

［は　行］

［ま　行］

[や　行]

[ら　行]

[欧文索引]

体育・スポーツ・健康科学テキストブックシリーズ

運動とスポーツの生理学

改訂４版

定価（本体2,500円＋税）

2001年　4月　2日　初版１刷発行
2020年　10月　31日　改訂４版１刷
2023年　3月　25日　2刷

編著者
北川　薫

発行者
市村　近

発行所
有限会社　市村出版

〒114-0003　東京都北区豊島2-13-10
TEL03-5902-4151
FAX03-3919-4197
http://www.ichimura-pub.com
info@ichimura-pub.com

印刷・製本
株式会社　杏林舎

ISBN978-4-902109-56-6　C3047
Printed in Japan